Kruidige Verhalen uit India
Een Culinaire Reis door de Geweldige Smaken van het Subcontinent

Rajan Sharma

Inhoud

Egyptische Bhel 18
   Inhoud 18
   De methode 18

Meethi Gota 19
   Inhoud 19
   De methode 20

Kom naar me toe 21
   Inhoud 21
   De methode 21

Idli Plus 22
   Inhoud 22
   De methode 23

Broodje Masala 24
   Inhoud 24
   De methode 25

Munt-kebab 26
   Inhoud 26
   De methode 26

Kruiden Sevia Upma 27
   Inhoud 27
   De methode 28

Varatha Curry-geiten 28
   Inhoud 28

- De methode 29
- kip paprikash 30
  - Inhoud 30
  - De methode 31
- Himani-kip 32
  - Inhoud 32
  - Voor de marinade: 32
  - De methode 32
- witte kip 33
  - Inhoud 33
  - De methode 34
- Kip in rode masala 35
  - Inhoud 35
  - De methode 36
- jhalfrezie kip 37
  - Inhoud 37
  - De methode 38
- Een eenvoudige kipcurry 39
  - Inhoud 39
  - De methode 40
- Gesplitste kipcurry 41
  - Inhoud 41
  - De methode 42
- Droge Kip Anjeer 43
  - Inhoud 43
  - Voor de marinade: 43
  - De methode 44

kippen yoghurt 45
    Inhoud 45
    De methode 46
Pittige gebakken kip 47
    Inhoud 47
    De methode 48
Kip oppermachtig 49
    Inhoud 49
    De methode 50
Kip Vindaloo 51
    Inhoud 51
    De methode 52
gekarameliseerde kip 53
    Inhoud 53
    De methode 54
Indiase kip 55
    Inhoud 55
    De methode 56
snelle kip 57
    Inhoud 57
    De methode 58
Coorgi Kip Curry 59
    Inhoud 59
    De methode 60
Kip in een pan 61
    Inhoud 61
    De methode 62

- Spinazie Kip 63
  - Inhoud 63
  - De methode 64
- Indiase kip 65
  - Inhoud 65
  - Voor de kruidenmix: 65
  - De methode 66
- Kori Gassi 67
  - Inhoud 67
  - De methode 68
- Ghezado-kip 69
  - Inhoud 69
  - De methode 69
- Kip met tomatensaus 70
  - Inhoud 70
  - De methode 71
- Sjahenshah Murgh 72
  - Inhoud 72
  - De methode 73
- Kip voor Pyaaz 74
  - Inhoud 74
  - De methode 75
- Bengaalse kip 76
  - Inhoud 76
  - De methode 76
- Lasooni Murgh 77
  - Inhoud 77

- De methode 78
- Kip cafeïne 79
  - Inhoud 79
  - Voor de marinade: 79
  - De methode 80
- Abrikoos kip 81
  - Inhoud 81
  - De methode 82
- Gegrilde kip 83
  - Inhoud 83
  - De methode 84
- Chileense eend Chili 85
  - Inhoud 85
  - De methode 86
- Kip Bhuna 87
  - Inhoud 87
  - De methode 88
- Ei-kip-curry 89
  - Inhoud 89
  - De methode 90
- Pittige gebakken kip 91
  - Inhoud 91
  - Voor de marinade: 91
  - De methode 92
- Goan Combi 93
  - Inhoud 93
  - De methode 94

Zuidelijke Kipcurry 95
    Inhoud 95
    De methode 96
Kip Nizami 97
    Inhoud 97
    Voor de kruidenmix: 97
    De methode 98
buffel eend 99
    Inhoud 99
    De methode 99
Adraki Murgh 101
    Inhoud 101
    De methode 101
Bharva Murgh 102
    Inhoud 102
    De methode 103
Malaidar Murgh 104
    Inhoud 104
    De methode 105
Bombay-kipcurry 106
    Inhoud 106
    De methode 107
Kip Durbari 108
    Inhoud 108
    De methode 109
gebraden eend 110
    Inhoud 110

- De methode 110
- Koriander Knoflook Kip 111
  - Inhoud 111
  - De methode 112
- eend masala 113
  - Inhoud 113
  - De methode 114
- mosterd kip 115
  - Inhoud 115
  - De methode 116
- Murgh Lassanwallah 117
  - Inhoud 117
  - De methode 118
- Chili Kip Chettinad 119
  - Inhoud 119
  - De methode 120
- Gehakte kip met eieren 121
  - Inhoud 121
  - De methode 122
- droge kip 123
  - Inhoud 123
  - Voor de marinade: 123
  - De methode 124
- Viskebab 125
  - Inhoud 125
  - Voor opladen: 125
  - De methode 126

vis kotelet 128
    Inhoud 128
    De methode 129
Soocha vis 131
    Inhoud 131
    De methode 132
Kalia-rug 133
    Inhoud 133
    De methode 134
Curry Rosachi met garnalen 135
    Inhoud 135
    De methode 136
Vis gevuld met dadels en amandelen 137
    Inhoud 137
    De methode 137
Tandoori-vis 139
    Inhoud 139
    De methode 139
Plantaardige vis 140
    Inhoud 140
    De methode 141
Gulnar Tandoori 142
    Inhoud 142
    Voor de eerste marinade: 142
    Voor de tweede marinade: 142
Garnalen in groene masala 143
    Inhoud 143

De methode 144
vis kotelet 145
    Inhoud 145
    De methode 146
Parsi Fish Sas 147
    Inhoud 147
    De methode 148
Spel Pesjawar 149
    Inhoud 149
    De methode 149
Krab Curry 150
    Inhoud 150
    De methode 151
mosterd vis 152
    Inhoud 152
    De methode 152
Meen Vattihathu 153
    Inhoud 153
    De methode 154
Doi Maach 155
    Inhoud 155
    Voor de marinade: 155
    De methode 156
gefrituurde vis 157
    Inhoud 157
    De methode 157
Zin Hak 158

Inhoud 158
    De methode 158
Zwaardvechter uit Goa 160
    Inhoud 160
    De methode 161
Droge vismasala 162
    Inhoud 162
    De methode 162
Madras-garnalencurry 163
    Inhoud 163
    De methode 163
vis in drietal 164
    Inhoud 164
    De methode 165
Karimeen Porichathu 166
    Inhoud 166
    De methode 167
Jumbo garnaal 168
    Inhoud 168
    De methode 169
gepekelde vis 170
    Inhoud 170
    De methode 170
Curry visballetjes 172
    Inhoud 172
    De methode 173
Amritsari-vis 174

Inhoud 174
De methode 174
Masala gebakken garnalen 175
Inhoud 175
De methode 176
Gezouten kogelvis 177
Inhoud 177
De methode 178
Pasanda garnalen 179
Inhoud 179
De methode 180
Een zwaardvechter 181
Inhoud 181
De methode 182
Teekha Jhinga 183
Inhoud 183
De methode 184
Balchow-garnalen 185
Inhoud 185
De methode 185
Garnaal Bhujna 187
Inhoud 187
De methode 188
Chingdi Macher in het Maleis 189
Inhoud 189
De methode 190
Viscurry Bata 191

Inhoud 191

    De methode 191

vis paprikash 192

    Inhoud 192

    De methode 193

Jhinga Nissa 194

    Inhoud 194

    De methode 195

Inktvis Vindaloo 196

    Inhoud 196

    De methode 197

kreeft balchow 198

    Inhoud 198

    De methode 199

Aubergine garnalen 200

    Inhoud 200

    De methode 201

groene garnalen 202

    Inhoud 202

    De methode 202

koriander vis 203

    Inhoud 203

    De methode 203

Maleisische vis 204

    Inhoud 204

    Voor de kruidenmix: 204

    De methode 205

Konkani viscurry 206
    Inhoud 206
    De methode 206
Pittige Knoflook Garnalen 207
    Inhoud 207
    De methode 208
Een eenvoudige viscurry 209
    Inhoud 209
    De methode 209
Goan viscurry 210
    Inhoud 210
    De methode 211
Garnalen Vindaloo 212
    voor 4 personen 212
    Inhoud 212
    De methode 213
Vis in groene masala 214
    Inhoud 214
    De methode 215
Oester Masala 216
    Inhoud 216
    De methode 217
gespikkelde vis 218
    Inhoud 218
    De methode 219
Aubergine gevuld met garnalen 220
    Inhoud 220

De methode 221

Egyptische Bhel

(Pittige maïssnack)

voor 4 personen

Inhoud

200 g gekookte maïskorrels

100 g lente-ui, fijngehakt

1 aardappel, gekookt, geschild en fijngehakt

1 tomaat, fijngehakt

1 komkommer, fijngehakt

10 g korianderblaadjes, gehakt

1 theelepel chaat masala*

2 theelepels citroensap

1 eetlepel zure munt

zout naar smaak

De methode

- Meng alle ingrediënten in een kom om goed te mengen.
- Serveer nu.

Meethi Gota

(Gebakken fenegriekbroodjes)

maak 20

Inhoud

500 g/1 pond 2 oz*

45 g volkorenmeel

125 g yoghurt

4 eetlepels geraffineerde plantaardige olie plus een frituuradditief

2 theelepels zuiveringszout

50 g verse fenegriekblaadjes, fijngehakt

50 g korianderblaadjes, fijngehakt

1 rijpe banaan, geschild en gepureerd

1 eetlepel korianderzaad

10-15 zwarte peper

2 groene paprika's

½ theelepel gemberpasta

½ theelepel garam masala

Een snufje asafetida

1 theelepel paprikapoeder

zout naar smaak

De methode

- Meng besan, bloem en yoghurt.
- Voeg 2 eetlepels olie en zuiveringszout toe. Laat het 2-3 uur fermenteren.
- Voeg alle overige ingrediënten toe, behalve de olie. Meng goed tot een dik deeg.
- Verhit 2 eetlepels olie en voeg toe aan het beslag. Meng goed en laat 5 minuten staan.
- Verhit de resterende olie in een pan. Doe een kleine theelepel beslag op de olie en bak tot het smelt.
- Laat uitlekken op absorberend papier. Serveer warm.

Kom naar me toe

(Gestoomde rijstwafel)

voor 4 personen

Inhoud

500 g rijst, een nacht geweekt

300 g officiële dhal*een nacht geweekt

1 eetlepel zout

Een snufje zuiveringszout

Geraffineerde plantaardige olie voor smering

De methode

- Giet de rijst en de dhal af en maal ze samen.
- Voeg zout en zuiveringszout toe. Laat het 8-9 uur fermenteren.
- Vet de cakevormen in. Giet het mengsel van rijst en dal erover, de helft van elk. Stoom gedurende 10-12 minuten.
- Verwijder de Idlis. Serveer warm met kokoschutney

Idli Plus

(Pittige gestoomde rijstcake)

Dienst 6

Inhoud

500 g rijst, een nacht geweekt

300 g officiële dhal*een nacht geweekt

1 eetlepel zout

¼ theelepel kurkuma

1 eetlepel poedersuiker

zout naar smaak

1 eetlepel geraffineerde plantaardige olie

½ theelepel komijnzaad

½ theelepel mosterdzaad

De methode
- Giet de rijst en de dhal af en maal ze samen.
- Voeg zout toe en laat het 8-9 uur gisten.
- Voeg kurkuma, suiker en zout toe. Meng goed en zet opzij.
- Verhit olie in een pan. Voeg komijn- en mosterdzaad toe. Laat ze 15 seconden bang zijn.
- Voeg het rijst- en dhal-mengsel toe. Dek af met een deksel en kook gedurende 10 minuten.
- Open het mengsel en draai het om. Dek opnieuw af en kook gedurende 5 minuten.
- Prik de idlis in met een vork. Als de vork er schoon uitkomt, betekent dit dat het stationair draaien klaar is.
- Snijd in stukken en serveer warm met kokoschutney.

Broodje Masala

maak 6

Inhoud

2 theelepels geraffineerde plantaardige olie

1 kleine ui, fijngehakt

¼ theelepel kurkuma

1 grote tomaat, fijngehakt

1 grote aardappel, gekookt en gepureerd

1 eetlepel gekookte erwten

1 theelepel chaat masala*

zout naar smaak

10 g korianderblaadjes, gehakt

50 g boter

12 sneetjes brood

De methode
- Verhit olie in een pan. Voeg de ui toe en bak tot hij glazig is.
- Voeg kurkuma en tomaten toe. Kook 2-3 minuten op middelhoog vuur en roer.
- Voeg aardappelen, erwten, chaat masala, zout en korianderblaadjes toe. Meng goed en kook een minuut op laag vuur. Hij legde het opzij.
- Vet de sneetjes brood in. Leg op zes plakjes een laagje groentemengsel. Bedek met de overige plakjes en gril gedurende 10 minuten. Draai opnieuw en grill gedurende 5 minuten. Serveer warm.

Munt-kebab

maak 8

Inhoud

10 g muntblaadjes, fijngehakt

500 g geitenkaas, uitgelekt

2 theelepels maïs

10 cashewnoten, grof gehakt

½ theelepel gemalen zwarte peper

1 theelepel amchoor*

zout naar smaak

Geraffineerde plantaardige olie om te frituren

De methode

- Meng alle ingrediënten behalve de olie. Kneed een zacht maar stevig deeg. Verdeel in 8 balletjes ter grootte van een citroen en druk ze plat.
- Verhit olie in een pan. Grill de kebabs op middelhoog vuur goudbruin.
- Serveer warm met muntsaus

Kruiden Sevia Upma

(Snack met groentenoedels)

voor 4 personen

Inhoud

5 eetlepels geraffineerde plantaardige olie

1 grote groene paprika, fijngehakt

¼ theelepel mosterdzaad

2 groene paprika's, in de lengte gehalveerd

200 g noedels

8 currybladjes

zout naar smaak

Een snufje asafetida

50 g sperziebonen, fijngehakt

1 wortel, fijngehakt

50 g diepvrieserwten

1 grote ui, fijngehakt

25 g/minder 1 oz korianderblaadjes, fijngehakt

Sap van één citroen (optioneel)

De methode

- Verhit 2 eetlepels olie in een pan. Bak de groene paprika 2-3 minuten. Hij legde het opzij.
- Verhit in een andere pan 2 eetlepels olie. Voeg mosterdzaad toe. Laat ze 15 seconden bang zijn.
- Voeg groene paprika en vermicelli toe. Bak 1-2 minuten op matig vuur, af en toe roeren. Voeg curryblaadjes, zout en asafetida toe.
- Besproei met water en voeg geroosterde groene paprika's, bonen, wortels, erwten en uien toe. Meng goed en kook op middelhoog vuur gedurende 3-4 minuten.
- Dek af met een deksel en kook nog een minuut.
- Strooi korianderblaadjes en citroensap erover. Serveer warm met kokoschutney

Varatha Curry-geiten

(Kairali kipcurry uit Kerala)

voor 4 personen

Inhoud

60 ml geraffineerde plantaardige olie

7,5 cm gemberwortel, fijngehakt

15 fijngehakte teentjes knoflook

8 sjalotten, gehakt

3 groene paprika's, in de lengte gehalveerd

1 kg kip, in 12 stukken gesneden

¾ theelepel kurkuma

zout naar smaak

2 eetlepels gemalen koriander

1 eetlepel garam masala

½ theelepel komijnzaad

750 ml/1¼ liter kokosmelk

5-6 curryblaadjes

De methode

- Verhit olie in een pan. Voeg gember en knoflook toe. Bak op middelhoog vuur gedurende 30 seconden.

- Voeg knoflook en groene pepers toe. Bak al roerend een minuutje.

- Voeg de kip, kurkuma, zout, gemalen koriander, garam masala en komijnzaad toe. Goed mengen. Dek af met een deksel en laat het 20 minuten op laag vuur koken. Voeg kokosmelk toe. Laat het 20 minuten koken.

- Garneer met curryblaadjes en serveer warm.

kip paprikash

voor 4 personen

Inhoud

1 eetlepel geraffineerde plantaardige olie

2 kruidnagels

2,5 cm bruin

6 zwarte peper

3 laurierblaadjes

2 grote uien, in 8 delen gesneden

1 theelepel gemberpasta

1 theelepel knoflookpasta

8 kippenpoten

200 g bevroren gemengde groenten

250 ml water

zout naar smaak

2 theelepels gewone witte bloem opgelost in 360 ml melk

De methode

- Verhit olie in een pan. Voeg kruidnagel, kaneel, zwarte peper en laurier toe. Maak ze 30 seconden bang.

- Voeg ui, gemberpasta en knoflookpasta toe. Bak gedurende 2 minuten.

- Voeg de resterende ingrediënten toe, behalve het bloemmengsel. Dek af met een deksel en kook gedurende 30 minuten. Voeg het bloemmengsel toe. Goed mengen.

- Laat 10 minuten sudderen terwijl u regelmatig roert. Serveer warm.

Himani-kip

(Kardemom Kip)

voor 4 personen

Inhoud

1 kg kip, in 10 stukken gesneden

3 eetlepels geraffineerde plantaardige olie

¼ theelepel gemalen groene kardemom

zout naar smaak

Voor de marinade:

1 theelepel gemberpasta

1 theelepel knoflookpasta

200 g yoghurt

2 eetlepels gemalen muntblaadjes

De methode

- Meng alle ingrediënten voor de marinade. Marineer de kip met dit mengsel gedurende 4 uur.

- Verhit olie in een pan. Voeg de gemarineerde kip toe en bak op laag vuur gedurende 10 minuten. Voeg peper en zout toe. Meng goed en kook gedurende 30 minuten, onder regelmatig roeren. Serveer warm.

witte kip

voor 4 personen

Inhoud

750 g kip zonder bot, in plakjes gesneden

1 theelepel gemberpasta

1 theelepel knoflookpasta

1 eetlepel ghee

2 kruidnagels

2,5 cm bruin

8 zwarte peper

2 laurierblaadjes

zout naar smaak

250 ml water

30 g cashewnoten, gemalen

10-12 amandelen, gemalen

1 eetlepel slagroom

De methode

- Marineer de kip met gemberpasta en knoflookpasta gedurende 30 minuten.

- Verhit olie in een pan. Voeg kruidnagel, kaneel, zwarte peper, laurier en zout toe. Laat ze 15 seconden bang zijn.

- Voeg gemarineerde kip en water toe. Laat het 30 minuten koken. Voeg cashewnoten, amandelen en room toe. Kook gedurende 5 minuten en serveer warm.

Kip in rode masala

voor 4 personen

Inhoud

3 eetlepels geraffineerde plantaardige olie

2 grote uien, in dunne plakjes gesneden

1 eetlepel maanzaad

5 gedroogde rode paprika's

50 g verse geraspte kokosnoot

2,5 cm bruin

2 theelepels tamarindepasta

6 teentjes knoflook

500 g kip, in plakjes gesneden

2 tomaten, in dunne plakjes gesneden

1 eetlepel gemalen koriander

1 theelepel komijn

500 ml water

zout naar smaak

De methode

- Verhit olie in een pan. Fruit de ui op middelhoog vuur tot hij bruin is. Voeg maanzaad, peper, nootmuskaat en kaneel toe. Bak gedurende 3 minuten.

- Voeg tamarindepasta en knoflook toe. Meng goed en maak een pasta.

- Meng deze pasta met alle overige ingrediënten. Kook het mengsel in een pan op laag vuur gedurende 40 minuten. Serveer warm.

jhalfrezie kip

(Kip in dikke tomatensaus)

voor 4 personen

Inhoud

3 eetlepels geraffineerde plantaardige olie

3 grote uien, fijngehakt

2,5 cm gemberwortel, in dunne plakjes gesneden

1 theelepel knoflookpasta

1 kg kip, in 8 stukken gesneden

½ theelepel kurkuma

3 theelepels gemalen koriander

1 theelepel komijn

4 tomaten, geblancheerd en gepureerd

zout naar smaak

De methode

- Verhit olie in een pan. Voeg ui, gember en knoflookpasta toe. Bak op matig vuur tot de ui glazig wordt.

- Voeg de kip, kurkuma, gemalen koriander en gemalen komijn toe. Bak gedurende 5 minuten.

- Tomatenpuree en zout toevoegen. Meng goed en kook op laag vuur gedurende 40 minuten, af en toe roerend. Serveer warm.

Een eenvoudige kipcurry

voor 4 personen

Inhoud

2 eetlepels geraffineerde plantaardige olie

2 grote uien, gehakt

½ theelepel kurkuma

1 theelepel gemberpasta

1 theelepel knoflookpasta

6 groene paprika's, gehakt

750 g kip, in 8 stukken gesneden

125 g yoghurt

125 g khoya*

zout naar smaak

50 g korianderblaadjes, fijngehakt

De methode

- Verhit olie in een pan. Voeg de ui toe. Bak tot het glazig is.

- Voeg kurkuma, gemberpasta, knoflookpasta en groene pepers toe. Bak 2 minuten op gemiddelde temperatuur. Voeg de kip toe en bak 5 minuten.

- Voeg yoghurt, khoya en zout toe. Goed mengen. Dek af met een deksel en laat het 30 minuten op laag vuur koken, af en toe roeren.

- Garneer met korianderblaadjes. Serveer warm.

Gesplitste kipcurry

voor 4 personen

Inhoud

1 kg kip, in 8 stukken gesneden

zout naar smaak

½ theelepel kurkuma

4 eetlepels geraffineerde plantaardige olie

3 uien, fijngehakt

8 curryblaadjes

3 tomaten, fijngehakt

1 theelepel gemberpasta

1 theelepel knoflookpasta

1 eetlepel gemalen koriander

1 theelepel garam masala

1 eetlepel tamarindepasta

½ theelepel gemalen zwarte peper

250 ml water

De methode

- Marineer de stukken kip met zout en kurkuma gedurende 30 minuten.

- Verhit olie in een pan. Voeg uien en curryblaadjes toe. Bak op laag vuur tot de ui glazig wordt.

- Voeg alle overige ingrediënten en de gemarineerde kip toe. Meng goed, dek af met een deksel en laat 40 minuten koken. Serveer warm.

Droge Kip Anjeer

(Droge kip met vijgen)

voor 4 personen

Inhoud

750 g kip, in 12 stukken gesneden

4 eetlepels ghee

2 grote uien, fijngehakt

250 ml water

zout naar smaak

Voor de marinade:

10 droge vijgen, 1 uur geweekt

1 theelepel gemberpasta

1 theelepel knoflookpasta

200 g yoghurt

1½ theelepel garam masala

2 eetlepels slagroom

De methode

- Meng alle ingrediënten voor de marinade. Marineer de kip een uur met dit mengsel.

- Verhit olie in een pan. Fruit de ui op middelhoog vuur tot hij bruin is.

- Voeg gemarineerde kip, water en zout toe. Meng goed, dek af met een deksel en laat 40 minuten koken. Serveer warm.

kippen yoghurt

voor 4 personen

Inhoud

30 g muntblaadjes, fijngehakt

30 g korianderblaadjes, gehakt

2 theelepels gemberpasta

2 theelepels knoflookpasta

400 g yoghurt

200 g tomatenpuree

sap van 1 citroen

1 kg kip, in 12 stukken gesneden

2 eetlepels geraffineerde plantaardige olie

4 grote uien, fijngehakt

zout naar smaak

De methode

- Maal muntblaadjes en korianderblaadjes tot een fijne pasta. Meng dit met gemberpasta, knoflookpasta, yoghurt, tomatenpuree en citroensap. Marineer de kip met dit mengsel gedurende 3 uur.

- Verhit olie in een pan. Fruit de ui op middelhoog vuur tot hij bruin is.

- Voeg de gemarineerde kip toe. Dek af met een deksel en laat 40 minuten sudderen, af en toe roeren. Serveer warm.

Pittige gebakken kip

voor 4 personen

Inhoud

1 theelepel gemberpasta

2 theelepels knoflookpasta

2 groene paprika's, fijngehakt

1 theelepel paprikapoeder

1 theelepel garam masala

2 theelepels citroensap

½ theelepel kurkuma

zout naar smaak

1 kg kip, in 8 stukken gesneden

Geraffineerde plantaardige olie voor frituren

Kruimels, voor coating

De methode

- Meng gemberpasta, knoflookpasta, groene chilipeper, cayennepeper, garam masala, citroensap, kurkuma en zout. Marineer de kip met dit mengsel gedurende 3 uur.

- Verhit olie in een pan. Bestrooi elk stuk gemarineerde kip met paneermeel en bak op matig vuur goudbruin.

- Laat uitlekken op absorberend papier en serveer warm.

Kip oppermachtig

voor 4 personen

Inhoud

1 theelepel gemberpasta

1 theelepel knoflookpasta

1 kg kip, in 8 stukken gesneden

200 g yoghurt

zout naar smaak

250 ml water

2 eetlepels geraffineerde plantaardige olie

2 grote uien, gehakt

4 rode paprika's

5 cm/2 inch bruin

2 zwarte kardemom

4 kruidnagels

1 eetl chana dhal*, droog geroosterd

De methode

- Meng gemberpasta en knoflookpasta. Marineer de kip met dit mengsel gedurende 30 minuten. Voeg yoghurt, zout en water toe. Hij legde het opzij.

- Verhit olie in een pan. Voeg ui, peper, kaneel, kardemom, kruidnagel en chana dhal toe. Bak op laag vuur gedurende 3-4 minuten.

- Maal het tot een pasta en voeg toe aan het kippenmengsel. Goed mengen.

- Kook op laag vuur gedurende 30 minuten. Serveer warm.

Kip Vindaloo

(Pittige Goan Kip Curry)

voor 4 personen

Inhoud

60 ml moutazijn

1 eetlepel komijnzaad

1 theelepel zwarte peper

6 rode paprika's

1 theelepel kurkuma

zout naar smaak

4 eetlepels geraffineerde plantaardige olie

3 grote uien, fijngehakt

1 kg kip, in 8 stukken gesneden

De methode

- Meng de azijn tot een gladde pasta met komijnzaad, zwarte peper, peper, kurkuma en zout. Hij legde het opzij.

- Verhit olie in een pan. Voeg de ui toe en bak tot hij glazig is. Voeg de azijn en komijnzaadpasta toe. Meng goed en bak 4-5 minuten.

- Voeg de kip toe en kook op laag vuur gedurende 30 minuten. Serveer warm.

gekarameliseerde kip

voor 4 personen

Inhoud

200 g yoghurt

1 theelepel gemberpasta

1 theelepel knoflookpasta

2 eetlepels gemalen koriander

1 theelepel komijn

1½ theelepel garam masala

zout naar smaak

1 kg kip, in 8 stukken gesneden

3 eetlepels geraffineerde plantaardige olie

2 theelepels suiker

3 kruidnagels

2,5 cm bruin

6 zwarte peper

De methode

- Meng yoghurt, gemberpasta, knoflookpasta, gemalen koriander, gemalen komijn, garam masala en zout. Marineer de kip een nacht met dit mengsel.

- Verhit olie in een pan. Voeg suiker, kruidnagel, kaneel en zwarte peper toe. Bak een minuut. Voeg de gemarineerde kip toe en kook op laag vuur gedurende 40 minuten. Serveer warm.

Indiase kip

voor 4 personen

Inhoud

1 kg kip, in 12 stukken gesneden

zout naar smaak

1 theelepel gemberpasta

1 theelepel knoflookpasta

4 eetlepels geraffineerde plantaardige olie

4 grote uien, gehakt

15 cashewnoten, vermalen tot een pasta

6 rode paprika's, 15 minuten geweekt

2 theelepels gemalen komijn

60 ml ketchup

500 ml water

De methode

- Marineer de kip een uur met zout, gember en knoflookpasta.

- Verhit olie in een pan. Fruit de ui op middelhoog vuur tot hij bruin is.

- Voeg cashewnoten, peper, komijn en ketchup toe. Kook gedurende 5 minuten.

- Voeg kip en water toe. Kook gedurende 40 minuten en serveer warm.

snelle kip

voor 4 personen

Inhoud

- 4 eetlepels geraffineerde plantaardige olie
- 6 rode paprika's
- 6 zwarte peper
- 1 theelepel korianderzaad
- 1 theelepel komijnzaad
- 2,5 cm bruin
- 4 kruidnagels
- 1 theelepel kurkuma
- 8 teentjes knoflook
- 1 theelepel tamarindepasta
- 4 middelgrote uien, in dunne plakjes gesneden
- 2 grote tomaten, fijngehakt
- 1 kg kip, in 12 stukken gesneden
- 250 ml water
- zout naar smaak

De methode

- Verhit een halve eetlepel olie in een pan. Voeg paprika, zwarte peper, korianderzaad, komijnzaad, kaneel en kruidnagel toe. Bak 2-3 minuten op matig vuur.
- Voeg kurkuma, knoflook en tamarindepasta toe. Maak van het mengsel een gladde pasta. Hij legde het opzij.
- Verhit de resterende olie in een pan. Voeg de ui toe en bak deze op middelhoog vuur bruin. Voeg de tomaten toe en bak 3-4 minuten.
- Voeg de kip toe en bak 4-5 minuten.
- Voeg water en zout toe. Meng goed en dek af met een deksel. Laat 40 minuten koken, af en toe roeren.
- Serveer warm.

Coorgi Kip Curry

voor 4 personen

Inhoud

1 kg kip, in 12 stukken gesneden

zout naar smaak

1 theelepel kurkuma

50 g geraspte kokosnoot

3 eetlepels geraffineerde plantaardige olie

1 theelepel knoflookpasta

2 grote uien, in dunne plakjes gesneden

1 theelepel komijn

1 theelepel gemalen koriander

360 ml water

De methode

- Marineer de kip een uur met zout en kurkuma. Hij legde het opzij.
- Maal de kokosnoot met voldoende water tot een gladde pasta.
- Verhit olie in een pan. Voeg de kokospasta toe aan de knoflookpasta, ui, gemalen komijn en koriander. Bak op laag vuur gedurende 4-5 minuten.
- Voeg de gemarineerde kip toe. Meng goed en bak 4-5 minuten. Giet water, dek af met een deksel en kook gedurende 40 minuten. Serveer warm.

Kip in een pan

voor 4 personen

Inhoud

4 eetlepels geraffineerde plantaardige olie

1 theelepel gemberpasta

1 theelepel knoflookpasta

2 grote uien, fijngehakt

1 theelepel garam masala

1½ eetlepel cashewnoten, gemalen

1½ eetlepel meloenzaadjes*, kunst

1 theelepel gemalen koriander

500 g kip zonder bot

200 g tomatenpuree

2 blokjes kippenbouillon

250 ml water

zout naar smaak

De methode

- Verhit olie in een pan. Voeg gemberpasta, knoflookpasta, ui en garam masala toe. Bak 2-3 minuten op laag vuur. Voeg de cashewnoten, meloenzaadjes en gemalen koriander toe. Bak gedurende 2 minuten.
- Voeg de kip toe en bak 5 minuten. Voeg tomatenpuree, gesneden vlees, water en zout toe. Dek af en kook gedurende 40 minuten. Serveer warm.

Spinazie Kip

voor 4 personen

Inhoud

3 eetlepels geraffineerde plantaardige olie

6 kruidnagels

5 cm/2 inch bruin

2 laurierblaadjes

2 grote uien, fijngehakt

12 fijngehakte teentjes knoflook

400 g spinazie, grof gehakt

200 g yoghurt

250 ml water

750 g kip, in 8 stukken gesneden

zout naar smaak

De methode

- Verhit 2 eetlepels olie in een pan. Voeg de kruidnagel, kaneel en laurier toe. Laat ze 15 seconden bang zijn.
- Voeg de ui toe en bak deze op middelhoog vuur tot hij glazig is.
- Voeg knoflook en spinazie toe. Goed mengen. Kook gedurende 5-6 minuten. Koel af en pureer met voldoende water tot een gladde pasta.
- Verhit de resterende olie in een pan. Voeg de spinaziepasta toe en bak 3-4 minuten. Voeg yoghurt en water toe. Kook gedurende 5-6 minuten. Voeg kip en zout toe. Kook gedurende 40 minuten op laag vuur. Serveer warm.

Indiase kip

voor 4 personen

Inhoud

4-5 eetlepels geraffineerde plantaardige olie

4 grote uien, gehakt

1 kg kip, in 10 stukken gesneden

zout naar smaak

500 ml water

Voor de kruidenmix:

2,5 cm gemberwortel

10 teentjes knoflook

1 eetlepel garam masala

2 theelepels venkelzaad

1½ eetlepel korianderzaad

60 ml water

De methode

- Meng de ingrediënten van het kruidenmengsel tot een gladde pasta. Hij legde het opzij.
- Verhit olie in een pan. Fruit de ui op middelhoog vuur tot hij bruin is.
- Voeg de kruidenmix, kip en zout toe. Bak 5-6 minuten. Voeg water toe. Dek af en kook gedurende 40 minuten. Serveer warm.

Kori Gassi

(gegrilde kerrie kip)

voor 4 personen

Inhoud

4 eetlepels geraffineerde plantaardige olie

6 hele rode paprika's

1 theelepel zwarte peper

4 theelepels korianderzaad

2 theelepels komijnzaad

150 g verse geraspte kokosnoot

8 teentjes knoflook

500 ml water

3 grote uien, fijngehakt

1 theelepel kurkuma

1 kg kip, in 8 stukken gesneden

2 theelepels tamarindepasta

zout naar smaak

De methode

- Verhit een theelepel olie in een pan. Voeg rode peper, zwarte peper, korianderzaad en komijnzaad toe. Laat ze 15 seconden bang zijn.
- Maak een pasta van kokosnoot, knoflook en de helft water.
- Verhit de resterende olie in een pan. Voeg ui, kurkuma en kokospasta toe. Bak op middelhoog vuur gedurende 5-6 minuten.
- Voeg de kip, tamarindepasta, zout en het resterende water toe. Goed mengen. Dek af met een deksel en kook gedurende 40 minuten. Serveer warm.

Ghezado-kip

(Goan-kip)

voor 4 personen

Inhoud

3 eetlepels geraffineerde plantaardige olie

2 grote uien, fijngehakt

1 theelepel gemberpasta

1 theelepel knoflookpasta

2 tomaten, fijngehakt

1 kg kip, in 8 stukken gesneden

1 eetlepel gemalen koriander

2 eetlepels garam masala

zout naar smaak

250 ml water

De methode

- Verhit olie in een pan. Voeg ui, gemberpasta en knoflookpasta toe. Bak gedurende 2 minuten. Voeg tomaten en kip toe. Bak gedurende 5 minuten.
- Voeg alle resterende ingrediënten toe. Kook gedurende 40 minuten en serveer warm.

Kip met tomatensaus

voor 4 personen

Inhoud

1 eetlepel ghee

2,5 cm/1 en fijngehakte gemberwortels

10 teentjes knoflook, fijngehakt

2 grote uien, fijngehakt

4 rode paprika's

1 theelepel garam masala

1 theelepel kurkuma

800 g tomatenpuree

1 kg kip, in 8 stukken gesneden

zout naar smaak

200 g yoghurt

De methode

- Verhit olie in een pan. Voeg gember, knoflook, ui, paprika, garam masala en kurkuma toe. Bak gedurende 3 minuten op gemiddelde temperatuur.
- Voeg de tomatenpuree toe en bak op laag vuur gedurende 4 minuten.
- Voeg kip, zout en yoghurt toe. Goed mengen.
- Dek af en kook gedurende 40 minuten, af en toe roerend. Serveer warm.

Sjahenshah Murgh

(Kip gekookt in een speciale saus)

voor 4 personen

Inhoud

250 g pinda's, 4 uur geweekt

60 g rozijnen

4 groene paprika's, in de lengte gesneden

1 eetlepel komijnzaad

4 eetlepels ghee

1 eetlepel gemalen kaneel

3 grote uien, fijngehakt

1 kg kip, in 12 stukken gesneden

zout naar smaak

De methode

- Giet de pinda's af en pureer ze met rozijnen, groene pepers, komijnzaad en voldoende water tot een gladde pasta. Hij legde het opzij.
- Verhit olie in een pan. Voeg gemalen kaneel toe. Laat het 30 seconden stuiteren.
- Voeg ui en gemalen pinda- en rozijnenpasta toe. Bak 2-3 minuten.
- Voeg kip en zout toe. Goed mengen. Kook op laag vuur gedurende 40 minuten, af en toe roeren. Serveer warm.

Kip voor Pyaaz

(ui kip)

voor 4 personen

Inhoud

4 eetlepels ghee plus frituuradditief

4 kruidnagels

½ theelepel venkelzaad

1 theelepel gemalen koriander

1 theelepel gemalen zwarte peper

2,5 cm/1 en fijngehakte gemberwortels

8 teentjes knoflook, fijngehakt

4 grote uien, gehakt

1 kg kip, in 12 stukken gesneden

½ theelepel kurkuma

4 tomaten, fijngehakt

zout naar smaak

De methode

- Verhit 4 eetlepels olie in een pan. Voeg kruidnagel, venkelzaad, gemalen koriander en peper toe. Laat ze 15 seconden bang zijn.
- Voeg gember, knoflook en ui toe. Bak 1-2 minuten op gemiddelde temperatuur.
- Voeg kip, kurkuma, tomaten en zout toe. Goed mengen. Kook op laag vuur gedurende 30 minuten, onder regelmatig roeren. Serveer warm.

Bengaalse kip

voor 4 personen

Inhoud

300 g yoghurt

1 theelepel gemberpasta

1 theelepel knoflookpasta

3 grote uien, 1 geraspt en 2 fijngehakt

1 theelepel kurkuma

2 theelepels paprikapoeder

zout naar smaak

1 kg kip, in 12 stukken gesneden

4 eetlepels mosterdolie

500 ml water

De methode

- Meng yoghurt, gemberpasta, knoflookpasta, ui, kurkuma, chilivlokken en zout. Marineer de kip met dit mengsel gedurende 30 minuten.
- Verhit olie in een pan. Voeg de gesnipperde ui toe en bak tot ze goudbruin zijn.
- Voeg gemarineerde kip, water en zout toe. Goed mengen. Dek af met een deksel en kook gedurende 40 minuten. Serveer warm.

Lasooni Murgh

(gekookte kip met knoflook)

voor 4 personen

Inhoud

200 g yoghurt

2 eetlepels knoflookpasta

1 theelepel garam masala

2 eetlepels citroensap

1 theelepel gemalen zwarte peper

5 strengen saffraan

zout naar smaak

750 g kip zonder botten, in 8 stukken gesneden

2 eetlepels geraffineerde plantaardige olie

60 ml dubbele room

De methode

- Meng yoghurt, knoflookpasta, garam masala, citroensap, peper, saffraan, zout en kip. Zet het mengsel een nacht in de koelkast.
- Verhit olie in een pan. Voeg het kippenmengsel toe, dek af met een deksel en laat 40 minuten op laag vuur sudderen, af en toe roeren.
- Voeg de room toe en roer een minuutje. Serveer warm.

Kip cafeïne

(Goan-kip met korianderjus)

voor 4 personen

Inhoud

1 kg kip, in 8 stukken gesneden

5 eetlepels geraffineerde plantaardige olie

250 ml water

zout naar smaak

4 citroenen, in vieren

Voor de marinade:

50 g korianderblaadjes, gehakt

2,5 cm gemberwortel

10 teentjes knoflook

120 ml moutazijn

1 eetlepel garam masala

De methode

- Meng alle ingrediënten voor de marinade en pureer met voldoende water tot een gladde pasta. Marineer de kip een uur met dit mengsel.
- Verhit olie in een pan. Voeg de gemarineerde kip toe en bak 5 minuten op gemiddelde temperatuur. Voeg water en zout toe. Dek af met een deksel en laat 40 minuten sudderen, af en toe roeren. Serveer warm met citroen.

Abrikoos kip

voor 4 personen

Inhoud

4 eetlepels geraffineerde plantaardige olie

3 grote uien, in dunne plakjes gesneden

1 theelepel gemberpasta

1 theelepel knoflookpasta

1 kg kip, in 8 stukken gesneden

1 theelepel paprikapoeder

1 theelepel kurkuma

2 theelepels gemalen komijn

2 eetlepels suiker

300 g gedroogde abrikozen, 10 minuten geweekt

60 ml water

1 eetlepel moutazijn

zout naar smaak

De methode

- Verhit olie in een pan. Voeg ui, gemberpasta en knoflookpasta toe. Bak op matig vuur tot de ui glazig wordt.
- Voeg kip, chilivlokken, kurkuma, gemalen komijn en suiker toe. Meng goed en bak 5-6 minuten.
- Voeg de resterende ingrediënten toe. Kook gedurende 40 minuten en serveer warm.

Gegrilde kip

voor 4 personen

Inhoud

zout naar smaak

1 eetlepel moutazijn

1 theelepel gemalen zwarte peper

1 theelepel gemberpasta

1 theelepel knoflookpasta

2 theelepels garam masala

1 kg kip, in 8 stukken gesneden

2 eetlepels ghee

2 grote uien, gehakt

2 tomaten, fijngehakt

De methode

- Meng zout, azijn, zwarte peper, gemberpasta, knoflookpasta en garam masala. Marineer de kip een uur met dit mengsel.
- Verhit olie in een pan. Voeg de ui toe en bak deze op middelhoog vuur bruin.
- Voeg tomaten en gemarineerde kip toe. Meng goed en bak 4-5 minuten.
- Haal van het vuur en grill het mengsel gedurende 40 minuten. Serveer warm.

Chileense eend Chili

voor 4 personen

Inhoud

2 eetlepels moutazijn

1½ theelepel gemberpasta

1 theelepel knoflookpasta

zout naar smaak

1 theelepel gemalen zwarte peper

1 kg eend

2 eetlepels boter

2 eetlepels geraffineerde plantaardige olie

3 grote uien, in dunne plakjes gesneden

4 tomaten, fijngehakt

1 theelepel suiker

500 ml water

De methode

- Meng azijn, gemberpasta, knoflookpasta, zout en peper. Prik met een vork gaatjes in de eend en laat een uur in dit mengsel marineren.
- Verhit boter en olie samen in een pan. Voeg uien en tomaten toe. Bak op middelhoog vuur gedurende 3-4 minuten. Voeg eend, suiker en water toe. Meng goed en kook gedurende 45 minuten. Serveer warm.

Kip Bhuna

(kip gekookt in yoghurt)

voor 4 personen

Inhoud

4 eetlepels geraffineerde plantaardige olie

1 kg kip, in 12 stukken gesneden

1 theelepel gemberpasta

1 theelepel knoflookpasta

½ theelepel kurkuma

2 grote uien, fijngehakt

1½ theelepel garam masala

1 theelepel versgemalen zwarte peper

150 g yoghurt, opgeklopt

zout naar smaak

De methode

- Verhit olie in een pan. Voeg de kip toe en bak 6-7 minuten op matig vuur. Filter en zet opzij.
- Voeg gemberpasta, knoflookpasta, kurkuma en ui toe aan dezelfde olie. Bak gedurende 2 minuten op matig vuur, onder regelmatig roeren.
- Voeg de gebakken kip en alle overige ingrediënten toe. Kook gedurende 40 minuten op laag vuur. Serveer warm.

Ei-kip-curry

voor 4 personen

Inhoud

6 teentjes knoflook

2,5 cm gemberwortel

25 g/minder 1 oz geraspte verse kokosnoot

2 theelepels maanzaad

1 theelepel garam masala

1 theelepel komijnzaad

1 eetlepel korianderzaad

1 theelepel kurkuma

zout naar smaak

4 eetlepels geraffineerde plantaardige olie

2 grote uien, fijngehakt

1 kg kip, in 8 stukken gesneden

4 eieren, hardgekookt en gehalveerd

De methode

- Maal knoflook, gember, nootmuskaat, maanzaad, garam masala, komijn, koriander, kurkuma en zout samen. Hij legde het opzij.
- Verhit olie in een pan. Voeg uien en gehakte tomaten toe. Bak op middelhoog vuur gedurende 3-4 minuten. Voeg de kip toe en roer goed om te coaten.
- Laat het 40 minuten koken. Garneer met eieren en serveer warm.

Pittige gebakken kip

voor 4 personen

Inhoud

1 kg kip, in 8 stukken gesneden

250 ml geraffineerde plantaardige olie

Voor de marinade:

1½ theelepel gemalen koriander

4 groene kardemoms

7,5 cm/3 inch bruin

½ theelepel venkelzaad

1 eetlepel garam masala

4-6 teentjes knoflook

2,5 cm gemberwortel

1 grote ui, geraspt

1 grote tomaat, gepureerd

zout naar smaak

De methode

- Maal alle ingrediënten voor de marinade door elkaar. Marineer de kip met dit mengsel gedurende 30 minuten.
- Kook de gemarineerde kip in een pan op matig vuur gedurende 30 minuten, af en toe roerend.
- Verhit de olie en bak de gekookte kip 5-6 minuten. Serveer warm.

Goan Combi

(Goan Kip Curry)

voor 4 personen

Inhoud

1 kg kip, in 8 stukken gesneden

zout naar smaak

½ theelepel kurkuma

6 rode paprika's

5 kruidnagels

5 cm/2 inch bruin

1 eetlepel korianderzaad

½ theelepel fenegriekzaden

½ theelepel mosterdzaad

4 eetlepels olie

1 eetlepel tamarindepasta

500 ml kokosmelk

De methode

- Marineer de kip een uur met zout en kurkuma. Hij legde het opzij.
- Maal de peper, kruidnagel, kaneel, korianderzaad, fenegriekzaad en mosterdzaad met voldoende water tot een pasta.
- Verhit olie in een pan. Bak het deeg gedurende 4 minuten. Voeg de kip, tamarindepasta en kokosmelk toe. Kook gedurende 40 minuten en serveer warm.

Zuidelijke Kipcurry

voor 4 personen

Inhoud

16 cashewnoten

6 rode paprika's

2 eetlepels korianderzaad

½ theelepel komijnzaad

1 eetlepel citroensap

5 eetlepels ghee

3 grote uien, fijngehakt

10 teentjes knoflook, fijngehakt

2,5 cm/1 en fijngehakte gemberwortels

1 kg kip, in 12 stukken gesneden

1 theelepel kurkuma

zout naar smaak

500 ml kokosmelk

De methode

- Maal cashewnoten, rode pepers, korianderzaad, komijnzaad en citroensap met voldoende water tot een gladde pasta. Hij legde het opzij.
- Verwarm de olie. Voeg ui, knoflook en gember toe. Bak gedurende 2 minuten.
- Voeg kip, kurkuma, zout en cashewboter toe. Bak gedurende 5 minuten. Voeg kokosmelk toe en kook gedurende 40 minuten. Serveer warm.

Kip Nizami

(gekookte kip met saffraan en amandelen)

voor 4 personen

Inhoud

4 eetlepels geraffineerde plantaardige olie

1 grote kip, in 8 stukken gesneden

zout naar smaak

750 ml/1¼ pint melk

½ theelepel saffraan gedrenkt in 2 theelepels melk

Voor de kruidenmix:

1 eetlepel gemberpasta

3 eetlepels maanzaad

5 rode paprika's

25 g/zetmeel 1 oz gedroogde kokosnoot

20 amandelen

6 eetlepels melk

De methode

- Maal de ingrediënten van het kruidenmengsel tot een gladde pasta.
- Verhit olie in een pan. Bak het deeg op laag vuur gedurende 4 minuten.
- Voeg kip, zout en melk toe. Kook gedurende 40 minuten, vaak roerend. Voeg de saffraan toe en kook nog 5 minuten. Serveer warm.

buffel eend

(Eend gekookt met groenten)

voor 4 personen

Inhoud

4 eetlepels ghee

3 grote uien, in vieren gesneden

750 g eend, in 8 stukken gesneden

3 grote aardappelen, in vieren

50 g boerenkool, gehakt

200 g diepvrieserwten

1 theelepel kurkuma

4 groene paprika's, in de lengte gesneden

1 theelepel gemalen bruin

1 theelepel gemalen kruidnagel

30 g muntblaadjes, fijngehakt

zout naar smaak

750 ml/1¼ liter water

1 eetlepel moutazijn

De methode

- Verhit olie in een pan. Voeg de ui toe en bak deze op middelhoog vuur bruin. Voeg de eend toe en bak deze 5-6 minuten.
- Voeg de resterende ingrediënten toe, behalve water en azijn. Bak gedurende 8 minuten. Voeg water en azijn toe. Laat het 40 minuten koken. Serveer warm.

Adraki Murgh

(gember kip)

voor 4 personen

Inhoud

2 eetlepels geraffineerde plantaardige olie

2 grote uien, fijngehakt

2 eetlepels gemberpasta

½ theelepel knoflookpasta

½ theelepel kurkuma

1 eetlepel garam masala

1 tomaat, fijngehakt

1 kg kip, in 12 stukken gesneden

zout naar smaak

De methode

- Verhit olie in een pan. Voeg ui, gemberpasta en knoflookpasta toe en bak 1-2 minuten op middelhoog vuur.
- Voeg alle overige ingrediënten toe en bak 5-6 minuten.
- Rooster het mengsel gedurende 40 minuten en serveer warm.

Bharva Murgh

(gevulde kip)

voor 4 personen

Inhoud

½ theelepel gemberpasta

½ theelepel knoflookpasta

1 theelepel tamarindepasta

1 kg kip

75 g ghee

2 grote uien, fijngehakt

zout naar smaak

3 grote aardappelen, in blokjes gesneden

2 theelepels gemalen koriander

1 theelepel komijn

1 theelepel mosterdpoeder

50 g korianderblaadjes, gehakt

2 kruidnagels

2,5 cm bruin

De methode

- Meng gember, knoflook en tamarindepasta. Marineer de kip met het mengsel gedurende 3 uur. Hij legde het opzij.
- Verhit de olie in een pan en bak de ui goudbruin. Voeg alle overige ingrediënten toe, behalve de gemarineerde kip. Bak gedurende 6 minuten.
- Vul dit mengsel in de gemarineerde kip. Bak in de oven op 190°C (375°F, gasstand 5) gedurende 45 minuten. Serveer warm.

Malaidar Murgh

(gekookte kip in roomsaus)

voor 4 personen

Inhoud

4 eetlepels geraffineerde plantaardige olie

2 grote uien, fijngehakt

¼ theelepel gemalen kruidnagel

zout naar smaak

1 kg kip, in 12 stukken gesneden

250 ml water

3 tomaten, fijngehakt

125 g yoghurt, opgeklopt

500 ml enkelvoudige crème

2 eetlepels cashewnoten, gemalen

10 g korianderblaadjes, gehakt

De methode

- Verhit olie in een pan. Voeg ui, kruidnagel en zout toe. Bak gedurende 3 minuten op gemiddelde temperatuur. Voeg de kip toe en bak 7-8 minuten.
- Voeg water en tomaten toe. Bak gedurende 30 minuten.
- Voeg yoghurt, room en cashewnoten toe. Laat het 10 minuten koken.
- Garneer met korianderblaadjes en serveer warm.

Bombay-kipcurry

voor 4 personen

Inhoud

8 eetlepels geraffineerde plantaardige olie

1 kg kip, in 12 stukken gesneden

2 grote uien, gehakt

1 theelepel gemberpasta

1 theelepel knoflookpasta

4 peulen, gemalen

2,5 cm/1 inch bruin, geborsteld

1 theelepel komijn

zout naar smaak

2 tomaten, fijngehakt

500 ml water

De methode

- Verhit de helft van de olie in een pan. Voeg de kip toe en bak 5-6 minuten op matig vuur. Hij legde het opzij.

- Verhit de resterende olie in een pan. Voeg de ui, gemberpasta en knoflookpasta toe en bak op matig vuur tot de ui bruin kleurt. Voeg de resterende ingrediënten toe, behalve water en kip. Bak 5-6 minuten.

- Voeg gebakken kip en water toe. Kook gedurende 30 minuten en serveer warm.

Kip Durbari

(Rijke Kipjus)

voor 4 personen

Inhoud

150 g hanna dhal*

zout naar smaak

1 liter/1¾ pint water

2,5 cm gemberwortel

10 teentjes knoflook

4 rode paprika's

3 eetlepels ghee

2 grote uien, fijngehakt

½ theelepel kurkuma

2 eetlepels garam masala

½ eetlepel maanzaad

2 tomaten, fijngehakt

1 kg kip, in 10-12 stukken gesneden

2 theelepels tamarindepasta

20 cashewnoten vermalen tot een pasta

250 ml water

250 ml kokosmelk

De methode

- Meng de dhal met de helft van het zout en water. Kook in een pan op middelhoog vuur gedurende 45 minuten. Maak een pasta door deze te vermalen met gember, knoflook en rode peper.

- Verhit olie in een pan. Voeg ui, dhal-mix en kurkuma toe. Bak op middelhoog vuur gedurende 3-4 minuten. Voeg alle resterende ingrediënten toe.

- Meng goed en kook gedurende 40 minuten, af en toe roerend. Serveer warm.

gebraden eend

voor 4 personen

Inhoud

3 eetlepels moutazijn

2 eetlepels gemalen koriander

½ theelepel gemalen zwarte peper

zout naar smaak

1 kg eend, in 8 stukken gesneden

60 ml geraffineerde plantaardige olie

2 kleine uien

1 liter/1¾ pint heet water

De methode

- Meng de azijn met gemalen koriander, peper en zout. Marineer de eend een uur met dit mengsel.
- Verhit olie in een pan. Fruit de ui op middelhoog vuur tot hij bruin is.
- Voeg water, zout en kip toe. Kook gedurende 45 minuten en serveer warm.

Koriander Knoflook Kip

voor 4 personen

Inhoud

4 eetlepels geraffineerde plantaardige olie

5 cm/2 inch bruin

3 groene kardemoms

4 kruidnagels

2 laurierblaadjes

3 grote uien, fijngehakt

10 teentjes knoflook, fijngehakt

1 theelepel gemberpasta

3 tomaten, fijngehakt

1 grote kip, in plakjes gesneden

250 ml water

150 g korianderblaadjes, gehakt

zout naar smaak

De methode

- Verhit olie in een pan. Voeg kaneel, kardemom, kruidnagel, laurier, ui, knoflook en gemberpasta toe. Bak 2-3 minuten.
- Voeg alle resterende ingrediënten toe. Kook gedurende 40 minuten en serveer warm.

eend masala

voor 4 personen

Inhoud

30 g ghee en een lepel om te frituren

1 grote ui, in dunne plakjes gesneden

1 theelepel gemberpasta

1 theelepel knoflookpasta

1 theelepel gemalen koriander

½ theelepel gemalen zwarte peper

1 theelepel kurkuma

1 kg eend, in 12 stukken gesneden

1 eetlepel moutazijn

zout naar smaak

5 cm/2 inch bruin

3 kruidnagels

1 theelepel mosterdzaad

De methode

- Verhit 30 g ghee in een pan. Voeg ui, gemberpasta, knoflookpasta, koriander, chili en kurkuma toe. Bak gedurende 6 minuten.
- Voeg de eend toe. Bak 5 minuten op gemiddelde temperatuur. Voeg azijn en zout toe. Meng goed en kook gedurende 40 minuten. Hij legde het opzij.
- Verhit de resterende olie in een pan en voeg de kaneel, kruidnagel en mosterdzaad toe. Laat ze 15 seconden bang zijn. Giet dit over het eendenmengsel en serveer warm.

mosterd kip

voor 4 personen

Inhoud

2 grote tomaten, fijngehakt

10 g muntblaadjes, fijngehakt

30 g korianderblaadjes, gehakt

2,5 cm/1 en geschilde gemberwortels

8 teentjes knoflook

3 eetlepels mosterdolie

2 theelepels mosterdzaad

½ theelepel fenegriekzaden

1 kg kip, in 12 stukken gesneden

500 ml heet water

zout naar smaak

De methode

- Maal tomaten, muntblaadjes, korianderblaadjes, gember en knoflook tot een gladde pasta. Hij legde het opzij.
- Verhit olie in een pan. Voeg mosterdzaad en fenegriekzaad toe. Laat ze 15 seconden bang zijn.
- Voeg de tomatenpuree toe en bak 2-3 minuten op matig vuur. Voeg kip, water en zout toe. Meng goed en kook gedurende 40 minuten. Serveer warm.

Murgh Lassanwallah

(kip met knoflook)

voor 4 personen

Inhoud

400 g yoghurt

3 theelepels knoflookpasta

1½ theelepel garam masala

zout naar smaak

750 g kip zonder botten, in 12 stukken gesneden

1 eetlepel geraffineerde plantaardige olie

1 theelepel komijnzaad

25 g/voldoende dilleblaadjes 1 oz

500 ml melk

1 eetlepel gemalen zwarte peper

De methode

- Meng yoghurt, knoflookpasta, garam masala en zout. Marineer de kip met dit mengsel gedurende 10-12 uur.
- Verwarm de olie. Voeg het komijnzaad toe en laat 15 seconden sputteren. Voeg de gemarineerde kip toe en bak 20 minuten op middelmatige temperatuur.
- Voeg dilleblaadjes, melk en peper toe. Laat het 15 minuten koken. Serveer warm.

Chili Kip Chettinad

(Zuid-Indiase Chili Kip)

voor 4 personen

Inhoud

2½ eetlepel geraffineerde plantaardige olie

10 curryblaadjes

3 grote uien, fijngehakt

1 theelepel gemberpasta

1 theelepel knoflookpasta

½ theelepel kurkuma

2 tomaten, fijngehakt

½ theelepel gemalen venkelzaad

¼ theelepel gemalen kruidnagel

500 ml water

1 kg kip, in 12 stukken gesneden

zout naar smaak

1½ theelepel grofgemalen zwarte peper

De methode

- Verhit olie in een pan. Voeg curryblaadjes, ui, gemberpasta en knoflookpasta toe. Bak een minuut op matig vuur.
- Voeg alle resterende ingrediënten toe. Kook gedurende 40 minuten en serveer warm.

Gehakte kip met eieren

voor 4 personen

Inhoud

3 eetlepels geraffineerde plantaardige olie

4 eieren, gekookt en gehakt

2 grote uien, fijngehakt

2 theelepels gemberpasta

2 theelepels knoflookpasta

2 tomaten, fijngehakt

1 theelepel komijn

2 theelepels gemalen koriander

½ theelepel kurkuma

8-10 curryblaadjes

1 theelepel garam masala

750 g gemalen kip

zout naar smaak

360 ml water

De methode

- Verhit olie in een pan. Voeg de eieren toe. Bak 2 minuten en zet opzij.
- Voeg ui, gember en knoflookpasta toe aan dezelfde olie. Bak 2-3 minuten op matig vuur.
- Voeg alle overige ingrediënten toe, behalve water. Meng goed en bak 5 minuten. Voeg water toe. Laat het 30 minuten koken.
- Versier met eieren. Serveer warm.

droge kip

voor 4 personen

Inhoud

1 kg kip, in 12 stukken gesneden

6 eetlepels geraffineerde plantaardige olie

3 grote uien, in dunne plakjes gesneden

Voor de marinade:

8 rode paprika's

1 eetlepel sesam

1 eetlepel korianderzaad

1 theelepel garam masala

4 groene kardemoms

10 teentjes knoflook

3,5 cm gemberwortel

6 eetlepels moutazijn

zout naar smaak

De methode

- Maal alle ingrediënten voor de marinade tot een gladde pasta. Marineer de kip met deze pasta gedurende 3 uur.
- Verhit olie in een pan. Fruit de ui op laag vuur tot hij bruin is. Voeg de kip toe en kook gedurende 40 minuten, onder regelmatig roeren. Serveer warm.

Viskebab

voor 4 personen

Inhoud

Zwaardvis 1kg/2¼lb, gevild en gefileerd

4 eetlepels geraffineerde plantaardige olie plus een frituuradditief

75 g hanna dhal*, gedrenkt in 250 ml water gedurende 30 minuten

3 kruidnagels

½ theelepel komijnzaad

2,5 cm gemberwortel, geraspt

10 teentjes knoflook

2,5 cm bruin

2 zwarte kardemom

8 zwarte peper

4 gedroogde rode paprika's

¾ theelepel kurkuma

1 eetlepel Griekse yoghurt

1 theelepel zwarte komijnzaad

Voor opladen:

2 gedroogde vijgen, fijngehakt

4 gedroogde abrikozen, fijngehakt

sap van 1 citroen

10 g muntblaadjes, fijngehakt

10 g korianderblaadjes, fijngehakt

zout naar smaak

De methode

- Stoom de vis gedurende 10 minuten op middelhoog vuur. Hij legde het opzij.

- Verhit 2 eetlepels olie in een pan. Giet de dhal af en bak deze op middelhoog vuur goudbruin.

- Meng de dhal met kruidnagel, komijnzaad, gember, knoflook, kaneel, kardemom, zwarte peper, paprika, kurkuma, yoghurt en zwart komijnzaad. Maal dit mengsel met voldoende water tot een gladde pasta. Hij legde het opzij.

- Verhit 2 eetlepels olie in een pan. Voeg deze pasta toe en bak 4-5 minuten op middelhoog vuur.

- Voeg de gekookte vis toe. Meng goed en roer gedurende 2 minuten.

- Verdeel het mengsel in 8 delen en maak er gehaktballetjes van. Hij legde het opzij.

- Meng alle ingrediënten voor de vulling. Verdeel in 8 delen.

- Maak de pasteitjes plat en plaats voorzichtig een deel van de vulling op elk pasteitje. Sluit het als een zak en rol het weer tot een bal. Schud de ballen recht.

- Om te frituren, verwarm de olie in een pan. Voeg de gehaktballetjes toe en bak ze op middelhoog vuur goudbruin. Draai en herhaal.

- Laat uitlekken op absorberend papier en serveer warm.

vis kotelet

voor 4 personen

Inhoud

500 g kalkoenstaart, ontveld en in filets gesneden

500 ml water

zout naar smaak

1 eetlepel geraffineerde plantaardige olie plus frituuradditief

1 eetlepel gemberpasta

1 eetlepel knoflookpasta

1 grote ui, fijn geraspt

4 groene paprika's, geraspt

½ theelepel kurkuma

1 theelepel garam masala

1 theelepel komijn

1 theelepel paprikapoeder

1 tomaat, geblancheerd en in plakjes gesneden

25 g/minder 1 oz korianderblaadjes, fijngehakt

2 eetlepels fijngehakte muntblaadjes

400 g gekookte erwten

2 sneetjes brood geweekt in water en uitgelekt

50 g broodkruim

De methode

- Plaats de vis in een pan met water. Voeg zout toe en kook gedurende 20 minuten op matig vuur. Filter en zet opzij.

- Verhit voor de vulling 1 eetlepel olie in een pan. Voeg gemberpasta, knoflookpasta en ui toe. Bak 2-3 minuten op matig vuur.

- Voeg groene peper, kurkuma, garam masala, gemalen komijn en paprikapoeder toe. Bak een minuut.

- Voeg de tomaten toe. Bak 3-4 minuten.

- Voeg korianderblaadjes, muntblaadjes, erwten en sneetjes brood toe. Goed mengen. Kook op laag vuur gedurende 7-8 minuten, af en toe roeren. Haal van het vuur en kneed het mengsel goed. Verdeel het in 8 gelijke porties en zet apart.

- Pureer de gekookte vis en snijd deze in 8 delen.

- Vorm elk stuk vis in een kopje en vul met het vulmengsel. We sluiten het als een zak, rollen het tot een bal en vormen er een kotelet van. Herhaal dit voor de resterende visdelen en het vulmengsel.

- Verhit de olie om te frituren in een pan. Doop de gehaktballetjes in paneermeel en bak ze op matig vuur goudbruin. Serveer warm.

Soocha vis

(pikante gedroogde vis)

voor 4 personen

Inhoud

1 cm/½ gemberwortel

10 teentjes knoflook

1 eetlepel korianderblaadjes, fijngehakt

3 groene paprika's

1 theelepel kurkuma

3 theelepels paprikapoeder

zout naar smaak

Zwaardvis 1kg/2¼lb, gevild en gefileerd

50 g gedroogde kokosnoot

6-7 parfums*, gedrenkt in 120 ml water gedurende 1 uur

4 eetlepels geraffineerde plantaardige olie

60 ml water

De methode

- Meng gember, knoflook, korianderblaadjes, groene peper, kurkuma, paprika en zout. Maak van dit mengsel een gladde pasta.

- Marineer de vis een uur met de pasta.

- Verhit de pan. Voeg noten toe. Bak een minuut op matig vuur.

- Gooi de kokumbessen weg en voeg het kokumsap toe. Goed mengen. Haal van het vuur en voeg dit mengsel toe aan de gemarineerde vis.

- Verhit olie in een pan. Voeg het vismengsel toe en kook 4-5 minuten op matig vuur.

- Voeg water toe. Goed mengen. Dek af met een deksel en laat 20 minuten koken, af en toe roeren.

- Serveer warm.

Kalia-rug

(Vis met kokos, sesam en pistachenoten)

voor 4 personen

Inhoud

- 100 g verse geraspte kokosnoot
- 1 theelepel sesamzaadjes
- 1 eetlepel pinda's
- 1 eetlepel tamarindepasta
- 1 theelepel kurkuma
- 1 theelepel gemalen koriander
- zout naar smaak
- 250 ml water
- 500 g zwaardvisfilet
- 1 eetlepel korianderblaadjes, gehakt

De methode

- Bak de kokosnoot, sesam en pinda's samen. Meng met tamarindepasta, kurkuma, gemalen koriander en zout. Maal met voldoende water tot een gladde pasta.

- Kook dit mengsel met de rest van het water in de pan op middelhoog vuur gedurende 10 minuten, onder regelmatig roeren. Voeg de visfilets toe en kook gedurende 10-12 minuten. Garneer met korianderblaadjes en serveer warm.

Curry Rosachi met garnalen

(garnalen gekookt met kokos)

voor 4 personen

Inhoud

200 g vers geraspte kokosnoot

5 rode paprika's

1½ theelepel korianderzaad

1½ theelepel maanzaad

1 theelepel komijnzaad

½ theelepel kurkuma

6 teentjes knoflook

120 ml geraffineerde plantaardige olie

2 grote uien, fijngehakt

2 tomaten, fijngehakt

250 g garnalen, gepeld en ontdaan van darmen

zout naar smaak

De methode

- Meng de nootmuskaat, paprika, koriander, maanzaad, komijn, kurkuma en knoflook met voldoende water tot een gladde pasta. Hij legde het opzij.

- Verhit olie in een pan. Fruit de ui op laag vuur tot hij bruin is.

- Voeg gemalen kokos-chilipasta, tomaten, garnalen en zout toe. Goed mengen. Kook gedurende 15 minuten, af en toe roerend. Serveer warm.

Vis gevuld met dadels en amandelen

voor 4 personen

Inhoud

4 forellen, elk 250 g, verticaal gesneden

½ theelepel paprikapoeder

1 theelepel gemberpasta

250 g verse ontpitte dadels, geblancheerd en fijngehakt

75 g amandelen, geblancheerd en fijngehakt

2-3 eetlepels gekookte rijst (zie afb.Hier)

1 theelepel suiker

¼ theelepel gemalen bruine suiker

½ theelepel gemalen zwarte peper

zout naar smaak

1 grote ui, in dunne plakjes gesneden

De methode

- Marineer de vis een uur met chilipoeder en gemberpasta.

- Meng dadels, amandelen, rijst, suiker, kaneel, zwarte peper en zout. Kneed tot een zacht deeg. Hij legde het opzij.

- Vul de dadel-amandelpasta in de kieren van de gemarineerde vis. Leg de gevulde vis op een vel aluminiumfolie en verdeel de uien erover.

- Wikkel de vis en de ui in folie en sluit de randen goed af.

- Bak in de oven op 200°C (400°F, gasstand 6) gedurende 15-20 minuten. Open de folie en bak de vis nog 5 minuten. Serveer warm.

Tandoori-vis

voor 4 personen

Inhoud

1 theelepel gemberpasta

1 theelepel knoflookpasta

½ theelepel garam masala

1 theelepel paprikapoeder

1 eetlepel citroensap

zout naar smaak

500 g kalkoenstaartfilet

1 eetlepel chaat masala*

De methode

- Meng gemberpasta, knoflookpasta, garam masala, chilipoeder, citroensap en zout.

- Maak plakjes op de vis. Marineer gedurende twee uur met een mengsel van gember en knoflook.

- Grill de vis gedurende 15 minuten. Bestrooi met chaat masala. Serveer warm.

Plantaardige vis

voor 4 personen

Inhoud

750 g zalmfilet, zonder vel

½ theelepel kurkuma

zout naar smaak

2 eetlepels mosterdolie

¼ theelepel mosterdzaad

¼ theelepel venkelzaad

¼ theelepel uienzaad

¼ theelepel fenegriekzaden

¼ theelepel komijnzaad

2 laurierblaadjes

2 gedroogde rode paprika's, gehalveerd

1 grote ui, in dunne plakjes gesneden

2 grote groene paprika's, in de lengte gesneden

½ theelepel suiker

125 g erwten uit blik

1 grote aardappel, in reepjes gesneden

2-3 kleine aubergines, julienne gesneden

250 ml water

De methode

- Marineer de vis met kurkuma en zout gedurende 30 minuten.

- Verhit olie in een pan. Voeg de gemarineerde vis toe en bak deze op middelhoog vuur gedurende 4-5 minuten, af en toe kerend. Filter en zet opzij.

- Voeg mosterdzaad, venkel, ui, pens en komijn toe aan dezelfde olie. Laat ze 15 seconden bang zijn.

- Voeg laurierblad en rode peper toe. Bak gedurende 30 seconden.

- Voeg ui en groene paprika toe. Bak op middelhoog vuur tot de ui bruin wordt.

- Voeg suiker, erwten, aardappelen en aubergine toe. Goed mengen. Roer het mengsel 7-8 minuten.

- Voeg gebakken vis en water toe. Goed mengen. Dek af met een deksel en kook gedurende 12-15 minuten, af en toe roerend.

- Serveer warm.

Gulnar Tandoori

(Forel gekookt in tandoor)

voor 4 personen

Inhoud

4 forellen, elk 250 g

boter om te gieten

Voor de eerste marinade:

120 ml moutazijn

2 eetlepels citroensap

2 theelepels knoflookpasta

½ theelepel paprikapoeder

zout naar smaak

Voor de tweede marinade:

400 g yoghurt

1 ei

1 theelepel knoflookpasta

2 theelepels gemberpasta

120 ml verse room

180 g/6½ oz*

Garnalen in groene masala

voor 4 personen

Inhoud

1 cm/½ gemberwortel

8 teentjes knoflook

3 groene paprika's, in de lengte gehalveerd

50 g korianderblaadjes, gehakt

1½ eetlepel geraffineerde plantaardige olie

2 grote uien, fijngehakt

2 tomaten, fijngehakt

500 g grote garnalen, gepeld en schoongemaakt

1 theelepel tamarindepasta

zout naar smaak

½ theelepel kurkuma

De methode

- Maal gember, knoflook, chilipeper en korianderblaadjes samen. Hij legde het opzij.
- Verhit olie in een pan. Fruit de ui op laag vuur tot hij bruin is.
- Voeg gember-knoflookpasta en tomaten toe. Bak 4-5 minuten.
- Voeg de garnalen, tamarindepasta, zout en kurkuma toe. Goed mengen. Kook gedurende 15 minuten, af en toe roerend. Serveer warm.

vis kotelet

voor 4 personen

Inhoud

2 eieren

1 eetlepel gewone witte bloem

zout naar smaak

400 g John Dory, ontveld en gefileerd

500 ml water

2 grote aardappelen, gekookt en gepureerd

1½ theelepel garam masala

1 grote ui, geraspt

1 theelepel gemberpasta

Geraffineerde plantaardige olie voor frituren

200 g broodkruim

De methode

- Klop de eieren los met bloem en zout. Hij legde het opzij.
- Kook de vis in een pan met gezouten water op middelhoog vuur gedurende 15-20 minuten. Filter en kneed met aardappelen, garam masala, ui, gemberpasta en zout tot je een zacht deeg krijgt.
- Verdeel het in 16 stukken, vorm er balletjes van en druk ze lichtjes plat tot koteletten.
- Verhit olie in een pan. Doop de gehaktballetjes in losgeklopt ei, bestrooi met paneermeel en bak op laag vuur tot ze bruin zijn. Serveer warm.

Parsi Fish Sas

(vis in witte saus)

voor 4 personen

Inhoud

1 eetlepel rijstmeel

1 eetlepel suiker

60 ml moutazijn

2 eetlepels geraffineerde plantaardige olie

2 grote uien, in dunne plakjes gesneden

½ theelepel gemberpasta

½ theelepel knoflookpasta

1 theelepel komijn

zout naar smaak

250 ml water

8 filets van citroenbasis

2 eieren, roerei

De methode

- Maal het rijstmeel met suiker en azijn tot een pasta-achtige consistentie. Hij legde het opzij.
- Verhit olie in een pan. Fruit de ui op laag vuur tot hij bruin is.
- Voeg gemberpasta, knoflookpasta, gemalen komijn, zout, water en vis toe. Kook op laag vuur gedurende 25 minuten, af en toe roeren.
- Voeg het bloemmengsel toe en kook een minuut.
- Voeg langzaam de eieren toe. Roer gedurende een minuut. Garneer en serveer warm.

Spel Pesjawar

voor 4 personen

Inhoud

3 eetlepels geraffineerde plantaardige olie

1 kg zalm, in steaks gesneden

2,5 cm gemberwortel, geraspt

8 teentjes knoflook, geperst

2 grote uien, gehakt

3 tomaten, geblancheerd en in plakjes gesneden

1 theelepel garam masala

400 g yoghurt

¾ theelepel kurkuma

1 theelepel amchoor*

zout naar smaak

De methode

- Verwarm de olie. Bak de vis op laag vuur goudbruin. Filter en zet opzij.
- Voeg gember, knoflook en ui toe aan dezelfde olie. Bak op laag vuur gedurende 6 minuten. Voeg de gebakken vis en alle overige ingrediënten toe. Goed mengen.
- Kook gedurende 20 minuten en serveer warm.

Krab Curry

voor 4 personen

Inhoud

4 middelgrote krabben, schoongemaakt (zie<u>kooktechnieken</u>)

zout naar smaak

1 theelepel kurkuma

½ geraspte kokosnoot

6 teentjes knoflook

4-5 rode paprika's

1 eetlepel korianderzaad

1 eetlepel komijnzaad

1 theelepel tamarindepasta

3-4 groene paprika's, in de lengte gehalveerd

1 eetlepel geraffineerde plantaardige olie

1 grote ui, fijngehakt

De methode

- Marineer de krabben met zout en kurkuma gedurende 30 minuten.
- Maal alle overige ingrediënten, behalve olie en ui, met voldoende water tot een gladde pasta.
- Verhit olie in een pan. Fruit de gehakte knoflook en ui op laag vuur tot de ui roze kleurt. Voeg een beetje water toe. Kook 7-8 minuten, af en toe roeren. Voeg de gemarineerde krabben toe. Meng goed en laat het 5 minuten koken. Serveer warm.

mosterd vis

voor 4 personen

Inhoud

8 eetlepels mosterdolie

4 forellen, elk 250 g

2 theelepels gemalen komijn

2 theelepels mosterd

1 theelepel gemalen koriander

½ theelepel kurkuma

120 ml water

zout naar smaak

De methode

- Verhit olie in een pan. Voeg de vis toe en bak 1-2 minuten op matig vuur. Draai de vis om en herhaal. Filter en zet opzij.
- Voeg gemalen komijn, mosterd en koriander toe aan dezelfde olie. Laat ze 15 seconden bang zijn.
- Voeg kurkuma, water, zout en gebakken vis toe. Meng goed en kook gedurende 10-12 minuten. Serveer warm.

Meen Vattihathu

(pikante rode vis)

voor 4 personen

Inhoud

600 g zwaardvis, geschild en gefileerd

½ theelepel kurkuma

zout naar smaak

3 eetlepels geraffineerde plantaardige olie

½ theelepel mosterdzaad

½ theelepel fenegriekzaden

8 curryblaadjes

2 grote uien, in dunne plakjes gesneden

8 teentjes knoflook, fijngehakt

5 cm gember, in dunne plakjes gesneden

6 parfums*

De methode

- Marineer de vis met kurkuma en zout gedurende 2 uur.
- Verhit olie in een pan. Voeg mosterdzaad en fenegriekzaad toe. Laat ze 15 seconden bang zijn. Voeg alle overige ingrediënten en gemarineerde vis toe. Kook op laag vuur gedurende 15 minuten terwijl je roert. Serveer warm.

Doi Maach

(vis gekookt in yoghurt)

voor 4 personen

Inhoud

4 forellen, geschild en gefileerd

2 eetlepels geraffineerde plantaardige olie

2 laurierblaadjes

1 grote ui, fijngehakt

2 theelepels suiker

zout naar smaak

200 g yoghurt

Voor de marinade:

3 kruidnagels

5 cm/2 en een bruin stukje

3 groene kardemoms

5 cm gemberwortel

1 grote ui, in dunne plakjes gesneden

1 theelepel kurkuma

zout naar smaak

De methode

- Maal alle ingrediënten voor de marinade door elkaar. Marineer de vis met dit mengsel gedurende 30 minuten.
- Verhit olie in een pan. Voeg laurierblad en ui toe. Bak op laag vuur gedurende 3 minuten. Voeg zout, suiker en gemarineerde vis toe. Goed mengen.
- Bak gedurende 10 minuten. Voeg yoghurt toe en kook gedurende 8 minuten. Serveer warm.

gefrituurde vis

voor 4 personen

Inhoud

6 eetlepels besan*

2 theelepels garam masala

1 theelepel amchoor*

1 theelepel ajowanzaden

1 theelepel gemberpasta

1 theelepel knoflookpasta

zout naar smaak

675 g kalkoenstaart, ontveld en gefileerd

Geraffineerde plantaardige olie voor frituren

De methode

- Meng alle ingrediënten behalve vis en olie met voldoende water tot een dikke pasta. Marineer de vis met deze test gedurende 4 uur.
- Verhit olie in een pan. Voeg de vis toe en bak 4-5 minuten op matig vuur. Draai opnieuw en bak 2-3 minuten. Serveer warm.

Zin Hak

voor 4 personen

Inhoud

500 g zalm, zonder vel en gefileerd

zout naar smaak

500 ml water

250 g aardappelen, gekookt en gepureerd

200 ml mosterdolie

2 grote uien, fijngehakt

½ theelepel gemberpasta

½ theelepel knoflookpasta

1½ theelepel garam masala

1 ei, losgeklopt

200 g broodkruim

Geraffineerde plantaardige olie voor frituren

De methode

- Doe de vis in een pan met zout en water. Kook gedurende 15 minuten op middelhoog vuur. Giet af en pureer met aardappelen. Hij legde het opzij.
- Verhit olie in een pan. Voeg de ui toe en bak deze op middelhoog vuur bruin. Voeg het vismengsel en alle

overige ingrediënten toe, behalve eieren en paneermeel. Meng goed en kook op laag vuur gedurende 10 minuten.

- Laat afkoelen en snij in balletjes ter grootte van een citroen. Maak gehaktballetjes plat en vorm ze.
- Verhit de olie om te frituren in een pan. Dompel de gehaktballetjes in eieren, voeg paneermeel toe en bak op matig vuur goudbruin. Serveer warm.

Zwaardvechter uit Goa

(Zwaardvis gekookt in Goan-stijl)

voor 4 personen

Inhoud

50 g verse geraspte kokosnoot

1 theelepel korianderzaad

1 theelepel komijnzaad

1 theelepel maanzaad

4 teentjes knoflook

1 eetlepel tamarindepasta

250 ml water

Geraffineerde plantaardige olie om te frituren

1 grote ui, fijngehakt

1 eetlepel parfum*

zout naar smaak

½ theelepel kurkuma

4 zwaardvissteaks

De methode

- Maal walnoten, korianderzaad, komijnzaad, maanzaad, knoflook en tamarindepasta met voldoende water tot een gladde pasta. Hij legde het opzij.
- Verhit olie in een pan. Voeg de ui toe en bak deze op middelhoog vuur tot hij bruin kleurt.
- Voeg de gemalen tomaten toe en bak 2 minuten. Voeg de resterende ingrediënten toe. Meng goed en kook gedurende 15 minuten. Serveer warm.

Droge vismasala

voor 4 personen

Inhoud

6 zalmfilets

¼ vers geraspte kokosnoot

7 rode paprika's

1 eetlepel kurkuma

zout naar smaak

De methode
- Grill de visfilets gedurende 20 minuten. Hij legde het opzij.
- Maal de overige ingrediënten samen tot een gladde pasta.
- Meng met vis. Kook het mengsel in een pan op laag vuur gedurende 15 minuten. Serveer warm.

Madras-garnalencurry

voor 4 personen

Inhoud

3 eetlepels geraffineerde plantaardige olie

3 grote uien, fijngehakt

12 teentjes knoflook, fijngehakt

3 tomaten, geblancheerd en in plakjes gesneden

½ theelepel kurkuma

zout naar smaak

1 theelepel paprikapoeder

2 eetlepels tamarindepasta

750 g middelgrote garnalen, gepeld en getrimd

4 eetlepels kokosmelk

De methode

- Verhit olie in een pan. Voeg ui en knoflook toe en bak een minuut op matig vuur. Voeg tomaten, kurkuma, zout, chilipoeder, tamarindepasta en garnalen toe. Meng goed en bak 7-8 minuten.
- Voeg kokosmelk toe. Kook gedurende 10 minuten en serveer warm.

vis in drietal

voor 4 personen

Inhoud

8 eetlepels geraffineerde plantaardige olie

500 g zalmfilet

1 eetlepel knoflookpasta

75 g verse fenegriekblaadjes, fijngehakt

4 tomaten, fijngehakt

2 theelepels gemalen koriander

1 theelepel komijn

1 theelepel citroensap

zout naar smaak

1 theelepel kurkuma

75 g heet water

Karimeen Porichathu

(Visfilet in masala)

voor 4 personen

Inhoud

1 theelepel paprikapoeder

1 eetlepel gemalen koriander

1 theelepel kurkuma

1 theelepel gemberpasta

2 groene paprika's, fijngehakt

sap van 1 citroen

8 curryblaadjes

zout naar smaak

8 zalmfilets

Geraffineerde plantaardige olie om te frituren

De methode

- Verhit 4 eetlepels olie in een pan. Voeg de vis toe en bak op middelhoog vuur tot hij aan beide kanten gaar is. Filter en zet opzij.
- Verhit 4 eetlepels olie in een pan. Voeg de knoflookpasta toe. Bak een minuut op laag vuur. Voeg de resterende ingrediënten toe, behalve water. Bak al roerend 4-5 minuten.
- Voeg soep en gebakken vis toe. Goed mengen. Dek af met een deksel en kook gedurende 10-15 minuten, af en toe roerend. Serveer warm.

Jumbo garnaal

voor 4 personen

Inhoud

500 g grote garnalen, gepeld en schoongemaakt

1 theelepel kurkuma

½ theelepel paprikapoeder

zout naar smaak

3 eetlepels geraffineerde plantaardige olie

1 grote ui, fijngehakt

1 cm/½ gemberwortel, fijngehakt

10 teentjes knoflook, fijngehakt

2-3 groene paprika's, in de lengte gehalveerd

½ theelepel suiker

250 ml kokosmelk

1 eetlepel korianderblaadjes, fijngehakt

De methode

- Meng alle ingrediënten behalve vis en olie.
- Marineer de vis met dit mengsel en zet hem twee uur in de koelkast.
- Verhit olie in een pan. Voeg de stukjes vis toe en bak ze op middelmatige temperatuur goudbruin.
- Serveer warm.

De methode

- De garnalen worden een uur gemarineerd met kurkuma, chili en zout.
- Verhit olie in een pan. Voeg ui, gember, knoflook en groene paprika toe en bak 2-3 minuten op matig vuur.
- Voeg suiker, zout en gemarineerde garnalen toe. Meng goed en bak gedurende 10 minuten. Voeg kokosmelk toe. Laat het 15 minuten koken.
- Garneer met korianderblaadjes en serveer warm.

gepekelde vis

voor 4 personen

Inhoud

Geraffineerde plantaardige olie om te frituren

Zwaardvis 1kg/2¼lb, gevild en gefileerd

1 theelepel kurkuma

12 gedroogde rode paprika's

1 eetlepel komijnzaad

5 cm gemberwortel

15 teentjes knoflook

250 ml moutazijn

zout naar smaak

De methode

- Verhit olie in een pan. Voeg de vis toe en bak 2-3 minuten op matig vuur. Draai en bak 1-2 minuten. Hij legde het opzij.
- Maal de overige ingrediënten samen tot een gladde pasta.
- Kook de pasta in een pan op laag vuur gedurende 10 minuten. Voeg de vis toe, kook 3-4 minuten, laat

afkoelen en bewaar hem maximaal 1 week in een pot in de koelkast.

Curry visballetjes

voor 4 personen

Inhoud

500 g zalm, zonder vel en gefileerd

zout naar smaak

750 ml/1¼ liter water

1 grote ui

3 theelepels garam masala

½ theelepel kurkuma

3 eetlepels geraffineerde plantaardige olie plus een frituuradditief

5 cm gemberwortel, geraspt

5 teentjes knoflook, geperst

250 g tomaten, geblancheerd en in blokjes gesneden

2 eetlepels opgeklopte yoghurt

De methode

- Kook de vis gedurende 20 minuten met een beetje zout en 500 ml water op matig vuur. Meng met ui, zout, een theelepel garam masala en kurkuma tot een glad mengsel. Verdeel in 12 bollen.
- Verhit olie om te frituren. Voeg de balletjes toe en bak ze op middelhoog vuur goudbruin. Filter en zet opzij.
- Verhit 3 eetlepels olie in een pan. Voeg alle overige ingrediënten, het resterende water en de viskoekjes toe. Kook gedurende 10 minuten en serveer warm.

Amritsari-vis

(hete pikante vis)

voor 4 personen

Inhoud

200 g yoghurt

½ theelepel gemberpasta

½ theelepel knoflookpasta

sap van 1 citroen

½ theelepel garam masala

zout naar smaak

675 g kalkoenstaart, ontveld en gefileerd

De methode

- Meng alle ingrediënten behalve de vis. Marineer de vis een uur met dit mengsel.
- Grill de gemarineerde vis gedurende 7-8 minuten. Serveer warm.

Masala gebakken garnalen

voor 4 personen

Inhoud

4 teentjes knoflook

5 cm/2 en gember

2 eetlepels vers geraspte kokosnoot

2 gedroogde rode paprika's

1 eetlepel korianderzaad

1 theelepel kurkuma

zout naar smaak

120 ml water

750 g garnalen, gepeld en schoongemaakt

3 eetlepels geraffineerde plantaardige olie

3 grote uien, fijngehakt

2 tomaten, fijngehakt

2 eetlepels korianderblaadjes, gehakt

1 theelepel garam masala

De methode

- Pureer de knoflook, gember, nootmuskaat, paprika, korianderzaad, kurkuma en zout met voldoende water tot een gladde pasta.
- Marineer de garnalen een uur met deze pasta.
- Verhit olie in een pan. Voeg de ui toe en bak deze op middelhoog vuur tot hij glazig is.
- Voeg tomaten en gemarineerde garnalen toe. Goed mengen. Giet water, dek af met een deksel en laat 20 minuten koken.
- Garneer met korianderblaadjes en garam masala. Serveer warm.

Gezouten kogelvis

voor 4 personen

Inhoud

2 eetlepels citroensap

zout naar smaak

Gemalen zwarte peper naar smaak

4 zwaardvissteaks

2 eetlepels boter

1 grote ui, fijngehakt

1 groene paprika, zonder zaadjes en in plakjes gesneden

3 tomaten, geschild en in plakjes gesneden

50 g broodkruim

85 g cheddarkaas, geraspt

De methode

- Besprenkel de vis met citroensap, zout en peper. Hij legde het opzij.
- Verhit olie in een pan. Voeg ui en groene paprika toe. Bak 2-3 minuten op matig vuur. Voeg tomaten, paneermeel en kaas toe. Bak 4-5 minuten.
- Verdeel dit mengsel gelijkmatig over de vis. Wikkel het in aluminiumfolie en bak het in de oven op 200°C (400°F, gasstand 6) gedurende 30 minuten. Serveer warm.

Pasanda garnalen

(gekookte garnalen met yoghurt en azijn)

voor 4 personen

Inhoud

250 g garnalen, gepeld en ontdaan van darmen

zout naar smaak

1 theelepel gemalen zwarte peper

2 theelepels moutazijn

2 theelepels geraffineerde plantaardige olie

1 eetlepel knoflookpasta

2 grote uien, fijngehakt

2 tomaten, fijngehakt

2 lente-uitjes, fijngehakt

1 theelepel garam masala

250 ml water

4 eetlepels Griekse yoghurt

De methode

- Marineer de garnalen met zout, peper en azijn gedurende 30 minuten.
- Grill de garnalen gedurende 5 minuten. Hij legde het opzij.
- Verhit olie in een pan. Voeg knoflookpasta en ui toe. Bak een minuut op matig vuur. Voeg tomaten, ui en garam masala toe. Bak gedurende 4 minuten. Voeg de geroosterde garnalen en het water toe. Kook op laag vuur gedurende 15 minuten. Voeg yoghurt toe. Meng gedurende 5 minuten. Serveer warm.

Een zwaardvechter

(Zwaardvis gekookt in Goan-saus)

voor 4 personen

Inhoud

4 rode paprika's

6 teentjes knoflook

2,5 cm gemberwortel

½ theelepel kurkuma

1 grote ui

1 theelepel tamarindepasta

1 theelepel komijnzaad

1 eetlepel suiker

zout naar smaak

120 ml moutazijn

1 kg zwaardvis, schoongemaakt

Geraffineerde plantaardige olie om te frituren

De methode
- Maal alle ingrediënten behalve vis en olie samen.
- Maak inkepingen in de zwaardvis en marineer ze met het gemalen mengsel. Vul de inkepingen royaal met het mengsel. Laat het een uur staan.
- Verhit olie in een pan. Voeg de gemarineerde vis toe en bak 2-3 minuten op laag vuur. Draai en herhaal. Serveer warm.

Teekha Jhinga

(hete garnalen)

voor 4 personen

Inhoud

4 eetlepels geraffineerde plantaardige olie

1 theelepel venkelzaad

2 grote uien, fijngehakt

2 theelepels gemberpasta

2 theelepels knoflookpasta

zout naar smaak

½ theelepel kurkuma

3 eetlepels garam masala

25 g/zetmeel 1 oz gedroogde kokosnoot

60 ml water

1 eetlepel citroensap

500 g garnalen, gepeld en schoongemaakt

De methode

- Verhit olie in een pan. Voeg de venkelzaadjes toe. Laat ze 15 seconden bang zijn. Voeg ui, gemberpasta en knoflookpasta toe. Bak een minuut op matig vuur.
- Voeg de rest van de ingrediënten toe, behalve de garnalen. Bak gedurende 7 minuten.
- Voeg de garnalen toe en kook gedurende 15 minuten, onder regelmatig roeren. Serveer warm.

Balchow-garnalen

(Goan Way gekookte garnalen)

voor 4 personen

Inhoud

750 g garnalen, gepeld en schoongemaakt

250 ml moutazijn

8 teentjes knoflook

2 grote uien, fijngehakt

1 eetlepel gemalen komijn

¼ theelepel kurkuma

zout naar smaak

120 ml geraffineerde plantaardige olie

50 g korianderblaadjes, gehakt

De methode

- Marineer de garnalen gedurende 2 uur in 4 eetlepels azijn.
- Maal de resterende azijn met knoflook, ui, gemalen komijn, kurkuma en zout tot een gladde pasta. Hij legde het opzij.
- Verhit olie in een pan. Bak de garnalen op laag vuur gedurende 12 minuten.

- Voeg de pasta toe. Meng goed en kook op laag vuur gedurende 15 minuten.
- Garneer met korianderblaadjes. Serveer warm.

Garnaal Bhujna

(gedroogde garnalen in kokos en ui)

voor 4 personen

Inhoud

50 g verse geraspte kokosnoot

2 grote uien

6 rode paprika's

5 cm gemberwortel, geraspt

1 theelepel knoflookpasta

4 eetlepels geraffineerde plantaardige olie

5 droge geuren*

¼ theelepel kurkuma

750 g garnalen, gepeld en schoongemaakt

250 ml water

zout naar smaak

De methode

- Maal nootmuskaat, ui, paprika, gember en knoflookpasta.
- Verhit olie in een pan. Voeg kokum en kurkumapasta toe. Bak op laag vuur gedurende 5 minuten.
- Voeg garnalen, water en zout toe. Kook gedurende 20 minuten, vaak roerend. Serveer warm.

Chingdi Macher in het Maleis

(garnalen in kokosnoot)

voor 4 personen

Inhoud

2 grote uien, geraspt

2 eetlepels gemberpasta

100 g verse geraspte kokosnoot

4 eetlepels geraffineerde plantaardige olie

500 g garnalen, gepeld en schoongemaakt

1 theelepel kurkuma

1 theelepel komijn

4 tomaten, fijngehakt

1 theelepel suiker

1 theelepel ghee

2 kruidnagels

2,5 cm bruin

2 groene kardemoms

3 laurierblaadjes

zout naar smaak

4 grote aardappelen, in rondjes gesneden en gebakken

250 ml water

De methode

- Maal de ui, gemberpasta en kokosnoot tot een gladde pasta. Hij legde het opzij.

- Verhit olie in een pan. Voeg de garnalen toe en bak 5 minuten op gemiddelde temperatuur. Filter en zet opzij.

- Voeg de gemalen pasta en alle overige ingrediënten behalve water toe aan dezelfde olie. Kook al roerend 6-7 minuten. Voeg gebakken garnalen en water toe. Meng goed en kook gedurende 10 minuten. Serveer warm.

Viscurry Bata

(Vis met mosterdpasta)

voor 4 personen

Inhoud

4 eetlepels mosterdzaad

7 groene paprika's

2 eetlepels water

½ theelepel kurkuma

5 eetlepels mosterdolie

zout naar smaak

1 kg citroenschil, geschild en gefileerd

De methode

- Maal alle ingrediënten, behalve de vis, met voldoende water tot een gladde pasta. Marineer de vis een uur met dit mengsel.
- Stoom gedurende 25 minuten. Serveer warm.

vis paprikash

voor 4 personen

Inhoud

1 eetlepel geraffineerde plantaardige olie

2 kruidnagels

2,5 cm bruin

3 laurierblaadjes

5 zwarte peper

1 theelepel knoflookpasta

1 theelepel gemberpasta

2 grote uien, fijngehakt

400 g gemengde diepvriesgroenten

zout naar smaak

250 ml heet water

500 g filet

1 eetlepel gewone witte bloem opgelost in 60 ml melk

De methode

- Verhit olie in een pan. Voeg kruidnagel, kaneel, laurier en zwarte peper toe. Laat ze 15 seconden bang zijn. Voeg knoflookpasta, gemberpasta en ui toe. Bak 2-3 minuten op matig vuur.
- Voeg groenten, zout en water toe. Meng goed en kook gedurende 10 minuten.
- Voeg voorzichtig het vis-meelmengsel toe. Goed mengen. Kook gedurende 10 minuten op middelhoog vuur. Serveer warm.

Jhinga Nissa

(garnalen met yoghurt)

voor 4 personen
Inhoud

1 eetlepel citroensap

1 theelepel gemberpasta

1 theelepel knoflookpasta

1 theelepel sesamzaadjes

200 g yoghurt

2 groene paprika's, fijngehakt

½ theelepel gedroogde fenegriekbladeren

½ theelepel gemalen kruidnagel

½ theelepel gemalen bruin

½ theelepel gemalen zwarte peper

zout naar smaak

12 grote garnalen, gepeld en ontdaan

De methode

- Meng alle ingrediënten behalve de garnalen. Marineer de garnalen een uur met dit mengsel.
- Leg de gemarineerde garnalen op spiesjes en gril ze 15 minuten. Serveer warm.

Inktvis Vindaloo

(Inktvis gekookt in een pittige Goan-saus)

voor 4 personen

Inhoud

8 eetlepels moutazijn

8 rode paprika's

3,5 cm gemberwortel

20 teentjes knoflook

1 theelepel mosterdzaad

1 theelepel komijnzaad

1 theelepel kurkuma

zout naar smaak

6 eetlepels geraffineerde plantaardige olie

3 grote uien, fijngehakt

500 g inktvis, in plakjes gesneden

De methode

- Meng de helft van de azijn met paprika, gember, knoflook, mosterdzaad, komijnzaad, kurkuma en zout tot een gladde pasta. Hij legde het opzij.
- Verhit olie in een pan. Fruit de ui op laag vuur tot hij bruin is.
- Vloervoorraad toevoegen. Meng goed en bak 5-6 minuten.
- Voeg de inktvis en de resterende azijn toe. Kook op laag vuur gedurende 15-20 minuten, af en toe roeren. Serveer warm.

kreeft balchow

(Pittige kreeft gekookt in Goan Curry)

voor 4 personen

Inhoud

400 g kreeftenvlees, in blokjes gesneden

zout naar smaak

½ theelepel kurkuma

60 ml moutazijn

1 theelepel suiker

120 ml geraffineerde plantaardige olie

2 grote uien, fijngehakt

12 fijngehakte teentjes knoflook

1 theelepel garam masala

1 eetlepel korianderblaadjes, gehakt

De methode

- Marineer de kreeft een uur met zout, kurkuma, azijn en suiker.
- Verhit olie in een pan. Voeg ui en knoflook toe. Bak op laag vuur gedurende 2-3 minuten. Voeg gemarineerde kreeft en garam masala toe. Kook op laag vuur gedurende 15 minuten, af en toe roeren.
- Garneer met korianderblaadjes. Serveer warm.

Aubergine garnalen

voor 4 personen

Inhoud

4 eetlepels geraffineerde plantaardige olie

6 zwarte peper

3 groene paprika's

4 kruidnagels

6 teentjes knoflook

1 cm/½ gemberwortel

2 eetlepels korianderblaadjes, gehakt

1½ eetlepel gedroogde kokosnoot

2 grote uien, fijngehakt

500 g aubergines, in plakjes gesneden

250 g garnalen, gepeld en ontdaan van darmen

½ theelepel kurkuma

1 theelepel tamarindepasta

zout naar smaak

10 cashewnoten

120 ml water

De methode

- Verhit 1 eetlepel olie in een pan. Voeg zwarte peper, groene peper, kruidnagel, knoflook, gember, korianderblaadjes en nootmuskaat toe gedurende 2-3 minuten op middelhoog vuur. Maak van het mengsel een gladde pasta. Hij legde het opzij.
- Verhit de resterende olie in een pan. Voeg de ui toe en bak een minuutje op matig vuur. Voeg aubergine, garnalen en kurkuma toe. Bak al roerend 5 minuten.
- Voeg de basis en alle overige ingrediënten toe. Meng goed en kook gedurende 10-15 minuten. Serveer warm.

groene garnalen

voor 4 personen

Inhoud

sap van 1 citroen

50 g muntblaadjes

50 g korianderblaadjes

4 groene paprika's

2,5 cm gemberwortel

8 teentjes knoflook

Een snufje garam masala

zout naar smaak

20 middelgrote garnalen, gepeld en ontdaan van darmen

De methode

- Meng alle ingrediënten behalve de garnalen tot een gladde pasta. Marineer de garnalen een uur met dit mengsel.
- Giet de garnalen af. Grill gedurende 10 minuten, af en toe keren. Serveer warm.

koriander vis

voor 4 personen

Inhoud

3 eetlepels geraffineerde plantaardige olie

1 grote ui, fijngehakt

4 groene paprika's, fijngehakt

1 eetlepel gemberpasta

1 eetlepel knoflookpasta

1 theelepel kurkuma

zout naar smaak

100 g korianderblaadjes, gehakt

Zalm 1 kg, ontveld en gefileerd

250 ml water

De methode

- Verhit olie in een pan. Fruit de ui op laag vuur tot hij bruin is.
- Voeg alle overige ingrediënten toe, behalve vis en water. Bak 3-4 minuten. Voeg de vis toe en bak 3-4 minuten.
- Voeg water toe. Meng goed en kook gedurende 10-12 minuten. Serveer warm.

Maleisische vis

(Gebakken vis in roomsaus)

voor 4 personen

Inhoud

250 ml geraffineerde plantaardige olie

1 kg zeebaarsfilet

1 eetlepel gewone witte bloem

1 grote ui, geraspt

½ theelepel kurkuma

250 ml kokosmelk

zout naar smaak

Voor de kruidenmix:

1 theelepel korianderzaad

1 theelepel komijnzaad

4 groene paprika's

6 teentjes knoflook

6 eetlepels water

De methode

- Maal de ingrediënten van het kruidenmengsel door elkaar. Knijp het mengsel in een kleine kom uit om het sap eruit te halen. Giet het sap. Gooi de schaal weg.
- Verhit olie in een pan. Bestrooi de vis met bloem en bak op middelhoog vuur goudbruin. Filter en zet opzij.
- Voeg de ui toe aan dezelfde olie en bak deze op middelhoog vuur tot hij bruin wordt.
- Voeg het water en alle overige ingrediënten toe aan het kruidenmengsel. Goed mengen.
- Laat het 10 minuten koken. Voeg de vis toe en kook gedurende 5 minuten. Serveer warm.

Konkani viscurry

voor 4 personen

Inhoud

Zalm 1 kg, ontveld en gefileerd

zout naar smaak

1 theelepel kurkuma

1 theelepel paprikapoeder

2 eetlepels geraffineerde plantaardige olie

1 grote ui, fijngehakt

½ theelepel gemberpasta

750 ml/1¼ liter kokosmelk

3 groene paprika's, in de lengte gehalveerd

De methode

- Marineer de vis met zout, kurkuma en paprikapoeder gedurende 30 minuten.
- Verhit olie in een pan. Voeg ui en gemberpasta toe. Bak op matig vuur tot de ui glazig wordt.
- Voeg kokosmelk, groene paprika en gemarineerde vis toe. Goed mengen. Laat het 15 minuten koken. Serveer warm.

Pittige Knoflook Garnalen

voor 4 personen

Inhoud

4 eetlepels geraffineerde plantaardige olie

2 grote uien, fijngehakt

1 eetlepel knoflookpasta

12 teentjes knoflook, fijngehakt

1 theelepel paprikapoeder

1 theelepel gemalen koriander

½ theelepel gemalen komijn

2 tomaten, fijngehakt

zout naar smaak

1 theelepel kurkuma

750 g garnalen, gepeld en schoongemaakt

250 ml water

De methode

- Verhit olie in een pan. Voeg ui, knoflookpasta en gehakte knoflook toe. Bak op matig vuur tot de ui glazig wordt.
- Voeg de resterende ingrediënten toe, behalve garnalen en water. Bak 3-4 minuten. Voeg de garnalen toe en bak ze 3-4 minuten.
- Voeg water toe. Meng goed en kook gedurende 12-15 minuten. Serveer warm.

Een eenvoudige viscurry

voor 4 personen

Inhoud

2 grote uien, in vieren gesneden

3 kruidnagels

2,5 cm bruin

4 zwarte peper

2 theelepels korianderzaad

1 theelepel komijnzaad

1 tomaat, in vieren

zout naar smaak

2 eetlepels geraffineerde plantaardige olie

750 g zalm, zonder vel en gefileerd

250 ml water

De methode

- Maal alle ingrediënten samen, behalve olie, vis en water. Verhit olie in een pan. Voeg het deeg toe en bak op laag vuur gedurende 7 minuten.
- Vis en water toevoegen. Kook gedurende 25 minuten, vaak roerend. Serveer warm.

Goan viscurry

voor 4 personen

Inhoud

100 g verse geraspte kokosnoot

4 gedroogde rode paprika's

1 theelepel komijnzaad

1 theelepel korianderzaad

360 ml water

3 eetlepels geraffineerde plantaardige olie

1 grote ui, geraspt

1 theelepel kurkuma

8 curryblaadjes

2 tomaten, geblancheerd en in plakjes gesneden

2 groene paprika's, in de lengte gehalveerd

1 eetlepel tamarindepasta

zout naar smaak

1 kg zalm, in plakjes gesneden

De methode

- Meng de nootmuskaat, paprika, komijn en korianderzaad tot een dikke pasta met 4 eetlepels water. Hij legde het opzij.
- Verhit olie in een pan. Fruit de ui op laag vuur tot hij glazig is.
- Voeg de kokospasta toe. Bak 3-4 minuten.
- Voeg alle overige ingrediënten toe, behalve vis en het resterende water. Bak 6-7 minuten. Vis en water toevoegen. Meng goed en kook gedurende 20 minuten, af en toe roerend. Serveer warm.

Garnalen Vindaloo

(garnalen gekookt in pittige Goan-curry)

voor 4 personen

Inhoud

- 3 eetlepels geraffineerde plantaardige olie
- 1 grote ui, geraspt
- 4 tomaten, fijngehakt
- 1½ theelepel paprikapoeder
- ½ theelepel kurkuma
- 2 theelepels gemalen komijn
- 750 g garnalen, gepeld en schoongemaakt
- 3 eetlepels witte azijn
- 1 theelepel suiker
- zout naar smaak

De methode

- Verhit olie in een pan. Voeg de ui toe en bak 1-2 minuten op matig vuur. Voeg tomaten, chilipoeder, kurkuma en komijn toe. Meng goed en kook 6-7 minuten, af en toe roeren.
- Voeg de garnalen toe en meng goed. Kook op laag vuur gedurende 10 minuten.
- Voeg azijn, suiker en zout toe. Laat het 5-7 minuten koken. Serveer warm.

Vis in groene masala

voor 4 personen

Inhoud

750 g zwaardvis, geschild en gefileerd

zout naar smaak

1 theelepel kurkuma

50 g muntblaadjes

100 g korianderblaadjes

12 teentjes knoflook

5 cm gemberwortel

2 grote uien, gehakt

5 cm/2 inch bruin

1 eetlepel maanzaad

3 kruidnagels

500 ml water

3 eetlepels geraffineerde plantaardige olie

De methode

- Marineer de vis met zout en kurkuma gedurende 30 minuten.
- Maal de overige ingrediënten, behalve de olie, met voldoende water tot een dikke pasta.
- Verhit olie in een pan. Voeg de tomatenpuree toe en bak 4-5 minuten op matig vuur. Voeg de gemarineerde vis en het resterende water toe. Meng goed en kook gedurende 20 minuten, af en toe roerend. Serveer warm.

Oester Masala

voor 4 personen

Inhoud

500 g oesters, gepeld (zie afb.<u>kooktechnieken</u>)

zout naar smaak

¾ theelepel kurkuma

1 eetlepel korianderzaad

3 kruidnagels

2,5 cm bruin

4 zwarte peper

2,5 cm gemberwortel

8 teentjes knoflook

60 g verse geraspte kokosnoot

2 eetlepels geraffineerde plantaardige olie

1 grote ui, fijngehakt

500 ml water

De methode

- stoom (vgl<u>kooktechnieken</u>) stoom de oesters gedurende 20 minuten. Strooi er zout en peper over. Hij legde het opzij.
- Maal de rest van de ingrediënten behalve olie, ui en water samen.

- Verhit olie in een pan. Voeg de gemalen pasta en ui toe. Bak op middelhoog vuur gedurende 4-5 minuten. Voeg de gestoomde oesters toe en bak 5 minuten. Voeg water toe. Kook gedurende 10 minuten en serveer warm.

gespikkelde vis

voor 4 personen

Inhoud

2 theelepels gemberpasta

2 theelepels knoflookpasta

1 theelepel garam masala

1 theelepel paprikapoeder

2 theelepels gemalen komijn

2 eetlepels citroensap

zout naar smaak

Zeeduivel 1kg/2¼lb, gevild en gefileerd

Geraffineerde plantaardige olie voor ondiep frituren

2 eieren, roerei

3 eetlepels griesmeel

De methode

- Meng gemberpasta, knoflookpasta, garam masala, chilipoeder, komijn, citroensap en zout. Marineer de vis met dit mengsel gedurende twee uur.
- Verhit olie in een pan. Doop de gemarineerde vis in eieren, rol ze door griesmeel en bak 4-5 minuten op matig vuur.
- Draai en bak 2-3 minuten. Laat uitlekken op absorberend papier en serveer warm.

Aubergine gevuld met garnalen

voor 4 personen

Inhoud

4 eetlepels geraffineerde plantaardige olie

1 grote ui, fijn geraspt

2 theelepels gemberpasta

2 theelepels knoflookpasta

1 theelepel kurkuma

½ theelepel garam masala

zout naar smaak

1 theelepel tamarindepasta

180 g garnalen, gepeld en verwijderd

60 ml water

8 kleine aubergines

10 g korianderblaadjes, gehakt, voor garnering

De methode

- Verhit voor de vulling de helft van de olie in een pan. Voeg de ui toe en bak deze op laag vuur tot deze bruin kleurt. Voeg gemberpasta, knoflookpasta, kurkuma en garam masala toe. Bak 2-3 minuten.
- Voeg zout, tamarindepasta, garnalen en water toe. Meng goed en kook gedurende 15 minuten. Zet opzij om af te koelen.
- Snijd het ene uiteinde van de aubergine af met een mes. Snijd dieper rond het kruis en laat het andere uiteinde ongesnoeid. Vul het garnalenmengsel in deze holte. Herhaal dit voor de hele aubergine.
- Verhit de resterende olie in een pan. Voeg de gevulde aubergines toe. Bak ze op laag vuur gedurende 12-15 minuten en draai ze af en toe. Garneer en serveer warm.

www.ingramcontent.com/pod-product-compliance
Lightning Source LLC
Chambersburg PA
CBHW050149130526
44591CB00033B/1213